drinks

Alles Trinkbare von No über Low bis High Alkohol

Friedrich Bohlmann

Der Barkeeper und ich

Barkeeper müsste man sein. Jeden Abend Party, viele coole Leute, so manchen heißen Flirt und hin und wieder läuft da sicher auch mehr – tja, ich bin leider nur der Vorwortschreiber und Rezeptetexter. Doch keine falsche Bescheidenheit: Ich kann auch, wenn ich will. Mit Christiane und Andreas, Ulli und Karin, José, Thomas oder Adriane. Schnell für einige Zutaten gesorgt, die Gläser rausgeholt und schon geht's zur Sache. Zwei Drinks, einen süffig-süßen und einen herben, damit krieg ich sie alle – in Stimmung!

Drinkrezept sucht Shaker. Was ist denn daran so schwierig: Shaken, gießen – fertig! Warum also finden alle Barkeeper so cool? Das kann doch jeder – zumindest für den Hausgebrauch. Deshalb hoch vom Sofa und ran an die Rezepte. Nicht dass mir mein gemütlicher Rotwein nun sauer würde. Für den habe ich weiterhin ruhige Stunden reserviert. Aber mehr Fun gibt es mit Selbstgemixtem. Zumal man da auch herrliche Sachen ganz ohne Alkohol machen kann.

Relaxt bleiben. Wenn echte Cocktailgläser fehlen und der ausgeschrubbte Übertopf zum Bowlengefäß wird, bringt genau das den Spaß. Bitte keine aufgemotzte Bar-Atmosphäre! Be yourself. Drink what you like. Das neue Rezept, um gemeinsam zu feiern und sich wohlzufühlen.

Mit-Mischen ist angesagt. Vorsicht, wenn Gäste einen zum Barkeeper des Abends küren. Mit den Bestelllisten der Freunde werden nämlich auch die eigenen Arme vom Schütteln immer länger. „Mach uns doch noch mal zwei Caipis!" Keine Chance, Leute. Hier gibt's jetzt das Buch. Auf Seite 70 steht, wie's geht. Und ich feiere nach der zweiten Runde Selbstgemixtem einfach mit. Was hab ich von Christiane und Andreas, Ulli und..., wenn ich immer nur die Drinks mixe? Ab heute ist auf meinen Partys frohes Shaker-Sharing angesagt.

Barkeeper sind out – Drinkbuch-Besitzer sind in. Wer will denn da noch Barkeeper sein? Besser wirklich mitfeiern und die anderen auch mal an den Mixer und vor allem an dieses Drinkbuch lassen.

Inhalt

Teil I: Die Theorie

Teil II:
Die Rezepte

No Alkohol

**Von wegen harmlos!
Hier kommt die volle Ladung
Frische und Geschmack!**

Kaffee

Es gibt nur zwei Kaffeebohnensorten: die milde, aromareiche Arabica und die kräftig-herbe Robusta. Nur weil diese Bohnen unterschiedlich verlesen, aufbereitet, geröstet und gemischt werden, gibt es so viele verschiedene Kaffeesorten. Für alle gilt: Man braucht für einen guten Kaffee pro Tasse 1 gehäuften TL Kaffeemehl und so um die 150 ml sprudelnd kochendes Wasser – je nach Größe der Kaffeetasse.

Tee

Ob zarter Darjeeling-, würziger Assam- oder herber Ceylontee – alles nur Geschmacksfrage. Keine Frage ist aber, dass ein Teebeutel so viel mit Tee zu tun hat wie Instant- mit Filterkaffee. Für guten schwarzen Tee braucht es etwa 150 ml kochendes Wasser, 1 TL Teeblätter pro Tasse und 3–5 Minuten Zeit zum Ziehen. Je länger, desto weniger pushed der Tee auf. Sahne, Zucker oder Zitrone dazu? Das entscheidet jeder selbst.

Kakao

Wer meint, heiße Schokolade sei nur was für die Kleinen, hat lange keine gute mehr getrunken. Deshalb nicht zu den gezuckerten Kakaomischungen greifen, sondern zum schwach entölten, reinen Kakaopulver. 1 TL pro Tasse mit genau so viel Zucker in etwas Milch auflösen und mit 200 ml (circa) sehr warmer Milch übergießen. Ein Sahnehäubchen obendrauf. Mmmh, wer mag da nicht gerne mal wieder ganz klein sein.

Wasser

Edle Mineralwässer sind in. Doch muss ein Wasser aus Wales fast so viel kosten wie ein Glas Sekt? Wichtig beim Mineralwasser ist vor allem, wie viel Kohlensäure enthalten ist: In Drinks stört zu viel Geblubber und gar keins ist langweilig! Praktisch, wer einen Wassersprudler hat. Mit dem kann man den Kohlensäuregehalt ganz einfach selbst bestimmen.

Ginger Ale, Tonic Water, Bitter Lemon

Diesen Getränken gibt ein wenig Aroma viel Geschmack: In Ginger Ale stecken Ingwerauszüge, die beiden anderen enthalten einen bitteren Chininzusatz und Bitter Lemon zusätzlich noch Limonensaft. Diese Aromalimos werden oft für Drinks verwendet, schmecken aber auch solo.

Eiswürfel

Coole Cocktails brauchen viel Eis: beim zweiten Drink ist der Eiswürfelbehälter oft schon leer. Also schon mal ein paar Lagen vorfrosten. Die Eiswürfelzahl pro Drink hängt davon ab, wie kalt er getrunken werden soll. Das Eis zum Shaken wird nicht mit abgegossen. Den fertigen Drink serviert man mit „frischen" Würfeln.

Sirup

Er sorgt bei den Drinks für die Süße, den Geschmack und oft auch die Farbe. Bekannt ist der Grenadine, ein Sirup aus Granatäpfeln. Daneben gibt es ungezählte Sirupe (klingt komisch, ist aber laut Duden korrekt) von vielen anderen Früchten. Zuckersirup kann jeder selbst machen: 200 g Zucker und 1/2 l Wasser auf dem Herd unter Rühren köcheln und abkühlen lassen. Gibt's aber auch fertig. Sirup kühl aufbewahren.

Zitrusfrüchte

Orangen, Zitronen und Limetten sind bei vielen Drinks nicht nur als Deko gefragt. Werden die Früchte mit den Schalen verwendet, müssen es unbedingt ungespritzte aus dem Bioanbau sein. Sonst können sich dank des Alkohols viele Chemikalien, die als Spritzmittel oder Anti-Schimmel-Stoffe auf der Frucht kleben, im Drink lösen. Und die schaden der Gesundheit noch weitaus mehr als nur dem Geschmack.

Säfte

Hände weg von allem, was sich Fruchtsaftgetränk nennt! Und auch dem Nektar wenn möglich ausweichen. Nur Fruchtsaft hat 100 % Frucht. Alles andere wurde verwässert und mit Zucker aufgepeppt. Daher nur auf Nektare und Fruchtsaftgetränke zurückgreifen, wenn es wirklich keine Alternative gibt, wie z. B. beim Cranberry-Fruchtsaftgetränk.

Kokosmilch

Die mittlerweile in vielen Supermärkten erhältliche Kokosmilch aus der Dose ist nicht nur für Karibik-Drinks wichtig. Zu empfehlen sind die ungesüßten Sorten. Daneben gibt es auch eine feste Kokoscreme, doch sie lässt sich nicht so unkompliziert mixen wie die dickflüssig-cremige Milch. Vor dem Öffnen der Dose die Milch gut schütteln!

Low Alkohols

Was in aller Regel unter 20 % vol., aber doch nicht ganz ohne ist, findet sich hier. Davon nippt man auch schon mal zwischendurch, genießt es als Einstiegsdrink für den lauen Abend, lässt es sich als Muntermacher beim Small-Talk servieren oder startet damit ein großes Essen.

viel Schaum

Bier

Wer hätte gedacht, dass Bier manchmal auch in Cocktails steckt. Die meisten mögen es zwar eher pur und befinden sich in guter Gesellschaft. Schließlich ist Bier einer der beliebtesten Durstlöscher überhaupt. Doch ob nun ein herbes Pils besser schmeckt als ein weicheres Export, und ob das helle Kölsch dem dunklen Alt oder das starke Bockbier dem nicht weniger würzigen Weißbier vorzuziehen ist, darum sollen sich andere streiten. Unstrittig ist nur, dass Bier kühl getrunken wird. Für Feste sind daher zwei große Kühlschränke ideal. Im Bedarfsfall tut es auch eine Badewanne gefüllt mit kaltem Wasser und eventuell ein wenig Trockeneis (im Branchenbuch unter „Trockeneis“ oder „Kohlensäure“ nachschauen). Der Partynebel ist dann gleich mit eingebaut. Aber Achtung: Der Spaß ist nicht ganz ungefährlich. So komisch es klingt, man kann sich am Trockeneis gehörig die Finger verbrennen.

Champagner und Sekt

Die zwei passen eigentlich immer, daher auch in einigen Cocktails und Bowlen zu finden. Für manchen Cocktail muss es unbedingt ein Champagner sein, anderen reicht auch ein Schaumwein, der nicht in der Champagne groß geworden ist und deshalb auf gut Deutsch Sekt und woanders Cava (aus Spanien), Prosecco (aus der italienischen Prosecco-Traube) oder auch Crémant (aus Frankreich) heißt. Wichtig zu wissen: Es gibt beim Sekt fünf Unterteilungen von süß über halbtrocken, trocken, extra trocken und brut. So braucht man nicht die Katze im Sack oder besser den Sekt als Black Box zu kaufen.

viel Wein

Wein

Weintrinkern stößt es sicher sauer auf, wenn man Wein einen Drink nennt. Doch warum soll sich der edle, vergorene Rebensaft nicht mal in eine Reihe mit Cocktails, Longdrinks, Smoothies oder Bowlen stellen lassen. Schließlich ist er ebenfalls unverzichtbarer Bestandteil vieler Bowlen und Punschgetränke. Hierfür braucht man übrigens keinen edlen Grand Cru zu ordern. Aber bitte auch nicht den billigen Kopfschmerzwein nehmen.

Likörwein

Hier handelt es sich nicht um Liköre, sondern um behandelte Weine. Sie müssen nicht einmal unbedingt süß sein, obgleich der Wein nach der Verwandlung in Likörwein oft etwas zäh und zuckrig herauskommt. Aber – wie gesagt – es muss nicht. Immerhin sind Sherrys oder Portweine als bekannteste Likörweine oft sehr delikat und durchaus trocken. Drei weitere Likörweingattungen sollen nicht unerwähnt bleiben, gerade weil sie so klingen wie aus dem Register eines Urlaubskataloges, aber durchaus trinkbar sind: Madeira, Malaga und Marsala.

Wermut

Vom Ursprung her auch ein Wein, wird dem Wermut noch das bitter schmeckende Wermutkraut sowie andere Kräuter und Samen zugegeben. Franzosen und Italiener schreiben ihn „Vermouth“. Klingt besser und ist auch international anerkannter, wie der Noilly Prat und der Martini (letzterer das Lieblingsgetränk von James Bond und Ally McBeal).

viel Aroma

Bitteraperitif

Dieser schwerfällige Oberbegriff steht für so leichtfüßige Mixklassiker wie Aperol und Campari. Diese weltbekannten Marken werden aus Kräutern, Zitrusschalen und anderen Würzzutaten sowie Alkohol meist nach streng gehüteten Rezepten hergestellt. Doch keine Bar kann auf sie verzichten. Schließlich werden sie nicht nur für Aperitifs gebraucht, sondern auch mit Fruchtsäften zu Longdrinks gemixt. Ihr Geheimnis: Sie schmecken immer ein wenig nach dem Strandcafé oder der Piazza vom letzten Italienurlaub!

Liköre

Es gibt Liköre mit mehr und mit weniger Alkohol. Doch weil sie hier so gut hinpassen, sind sie auf dieser Low-Alkohol-Seite gelandet. Liköre bestehen aus Zucker, vergorenen Früchten oder Fruchtsäften und vielen weiteren Essenzen. Sie sind die Parfüms in der Bar, denn sie haben das meiste Aroma und geben es gerne und sofort an die Getränke ab. Sie bringen mit ihrer Farbe (wie der blaue Curaçao) Stimmung ins Glas, genau wie ein wunderbares Parfüm Stimmungen erzeugt. Sie werden oft in schönen, edlen und unverwechselbaren Flaschen verkauft, nicht unähnlich nur etwas größer als die Parfümflakons. Und man findet sie in unzähligen Sorten mit ganz verschiedenen Aromen: Frucht-, Kaffee-, Eier-, Nuss-, Kräuter-, Gewürz- oder Kokosliköre. Ach ja, noch etwas haben Parfüms und Liköre gemeinsam: Es soll tatsächlich Menschen geben, die mögen sie überhaupt nicht.

High Alkohols

Rum

Rum kommt (meist) aus der Karibik, entstammt der vergorenen Zuckerrohrmelasse und schmeckt manchen pur, anderen im Cocktail und wieder anderen vor allem im Rumtopf. Beim Einkauf lässt der Rum einem die Wahl zwischen wasserklarer und einer dezenten braunen Farbe, die von der Lagerung in Holzfässern herrührt. Bei Cocktails will man öfter die klare Farbe. Außerdem kann man beim Rum unter Alkoholgehalten von 38% bis 73% vol. wählen. Meist reichen 38%!

Cachaça

Cachaça verwechseln einige mit Rum, weil es ebenso aus Zuckerrohr gewonnen wird. Allerdings aus dem grünen, jungen Zuckerrohr und nicht aus der Melasse. Der Cachaça stammt auch nicht aus der Karibik. Seine Heimat ist Brasilien. Und wer nicht als Spirituosen-Simpel dastehen will, sollte zudem noch wissen, das Cachaça „Kaschassa" ausgesprochen wird. Aber eigentlich ist nur eins wirklich wichtig: keine Caipi ohne Cachaça!

Whisk(e)y

Whisky wird dann Whiskey geschrieben, wenn er aus Irland oder den USA stammt. Das „E" muss weg, wenn er aus Schottland und Kanada kommt. Unverzichtbar ist beim Whisk(e)y das Gerstenmalz, das neben anderen Getreidesorten wie Weizen oder Mais die Grundlage bildet. Schottischer Whisky hat die Tendenz, eher rauchig zu schmecken, der irische Whiskey ist milder. Der Bourbon, wie der Whiskey aus den USA heißt, wird vor allem aus Mais gewonnen, und der Whisky Kanadas gilt als besonders leicht und rein im Geschmack. Aber die richtige Sorte auszusuchen ist eine Wissenschaft für sich! Dabei werden Whisk(e)ykenner zu wahren Philosophen.

Tequila

Tequila haben die Indianer erfunden, als sie die Agaven anzapften und deren Saft zum Gären brachten. Doch lasst die Agaven hiesiger Wintergärten leben! Sie gehören nicht zu der Sorte, aus der sich ein Tequila brauen lässt! Ein Klassiker ist Tequila pur mit Salz und Zitrone. Hier herrscht ein endloser Meinungskrieg, ob nach dem Salz erst der Tequila getrunken und dann in die Zitrone gebissen wird oder andersrum. Doch mal ehrlich: Schmecken tut's so oder so nicht besonders.

Gin

Gin kommt vom holländischen Wacholderschnaps Genever. Als Englands Thron 1689 von einem Holländer besetzt wurde, brachte er seinen Schnaps mit. Die Engländer machten daraus ein Getränk aus reinem Alkohol plus Aromastoffen, unter anderem Wacholder, und nannten es kurz und knapp Gin. Je nach Aromazusatz können sich die einzelnen Sorten stark unterscheiden. Grund genug, mal etwas häufiger zu probieren. Das Gute: Gin ist zumindest für den Kopf recht verträglich, da reiner Alkohol verwendet wird.

Hier geht's so richtig zur Sache!
Keine Garantie für gar nichts!

Pisco

Könnte das neue In-Getränk werden, es macht sich gerade erst bekannt. Man darf den Pisco mit einem Weinbrand vergleichen, denn er wird aus Muskateller-Trauben gebrannt. Da er aber statt in Holzfässern in Tontöpfen lagert, erhält er nicht die weinbrandbraune Farbe, sondern bleibt vollkommen klar. In Peru, Chile und Argentinien daheim, eroberte er bereits kalifornische Bars und ist inzwischen auch in Deutschland angekommen. Diese Neuentdeckung schwimmt im derzeitigen Südamerika-Trend gerade ganz obenauf. Probieren!

Wodka

Ins Deutsche übersetzt heißt Wodka „Wässerchen". Na ja, bei immerhin bis zu 55 % Alkohol! Der Alkohol wird aus Kartoffeln oder Getreide gebrannt und dann sehr stark gereinigt. Deshalb schmeckt Wodka so weich und deshalb vertragen ihn viele relativ gut. Neben den reinen Sorten finden sich auch welche mit etwas Geschmack, ihnen werden Aromastoffe zugesetzt. Am bekanntesten ist das Büffelgrasaroma. Bei einer speziellen Wodkasorte aus Polen steckt daher auch in jeder Flasche ein Büffelgrashalm. Was allerdings nun nicht heißt, dass alle Wodkatrinker zu wilden Büffelstieren werden.

Bitters

Ihr Alkoholpegel liegt weit über dem eines Bitteraperitifs und man trinkt sie öfters auch solo als Digestif, also nach dem Essen. Die Bitters sind unüberschaubar: Vom Kräuterbitter, den der Großvater immer für die Verdauung trank, bis zum Angostura aus 40 Kräuterextrakten gibt es unzählige Sorten. Hergestellt werden sie aus diversen Geschmacksgebern wie Samen, Fruchtschalen, Früchten, Kräutern, Gewürzen, Wurzeln und auch Rinden. All das wird meist nach streng geheimen Rezepten in Alkohol eingelegt und gibt dabei zahllose Aromastoffe an diesen ab.

Weinbrand

So nennt man ihn in Deutschland, doch viel bekannter sind die Weinbrände aus Frankreich wie der Cognac und der Armagnac. Daneben gibt es noch die Brandys aus Spanien und Italien, die auch nichts anderes sind als Weinbrände. Denn die Herstellung läuft bei allen fast gleich ab: Wein wird erhitzt und die Dämpfe mehrfach destilliert. Am Ende kommt eine klare Flüssigkeit heraus, die erst im Holzfass den runden Geschmack und die gemütliche Farbe erhält.

Schnaps

Das trinkt der Bauer wie der Banker, der eine als Korn der andere als Grappa. Denn Schnaps nennt man einen klaren Branntwein. Und der kann wie der Korn aus Getreide oder wie Grappa aus den Traubenresten bei der Weinherstellung stammen. Auch Obstbrände wie der berühmte Schwarzwälder Kirsch von der noch berühmteren Torte sind laut Definition Branntweine und gelten aufgrund ihrer klaren Farbe auch als Schnäpse. Im Gegensatz zu den Getreideschnäpsen sollte man richtig gute Obstbrände nicht eiskalt trinken.

Schüttel dir einen

Mixen ist unkompliziert auch wenn das die hyper-coolen Profischüttler hinter der Bar wohl gar nicht gerne hören. Jeder kann's. Sicher nicht so flink, sicher ohne dabei eine so gute Figur zu machen und sicher auch nicht mit herumwirbelnden Flaschen. Doch alles kein Grund, nicht auch selbst mal zum Shaker zu greifen. Denn eins ist sicher: Das Mixen führt in kürzester Zeit zum Erfolg – ein ultraleckerer Drink und eine gute Stimmung mit Freunden.

Mixen braucht kein teures Equipment, denn eigentlich reicht schon ein Becher aus, den man mit einer Untertasse lückenlos abdecken kann. Beides sollte unzerbrechlich sein, denn es wird kräftig geschüttelt. Dann beim Ausgießen die Untertasse so halten, dass die Eiswürfel nicht mit herausplumpsen. Wem das zu laienhaft aussieht, kauft sich für 20 oder 30 Mark einen Shaker mit integriertem Sieb. Was auch noch Sinn macht und ganz wenig kostet, sind kleine Bar-Messbecher (2 und 4 cl). Damit hat man schnell die richtige Menge eingeschenkt. Darauf kommt es beim Mixen an. Wer sich dann aber noch verleiten lässt, eines der Barsiebe zu kaufen, lebt bereits im Luxus. Man braucht sie nicht. Sieht zwar toll aus, aber jedes normale Sieb oder eine Untertasse (siehe oben) tun's auch.

Die Kraft der Maschine ist gefragt, wenn sich Eiswürfel in crushed ice verwandeln sollen. Es gibt zwar auch Zerkleinerer für den Handbetrieb, doch dann besser Eiswürfel in ein sauberes Küchenhandtuch und mit dem Holzhammer ordentlich drauf hauen. Schneller geht's mit einem kräftigen Elektromixer oder einer guten Haushaltsmaschine. Achtung: In einigen Gebrauchsanleitungen wird extra davor gewarnt: „Mit dieser Maschine keine Eiswürfel hacken." Wir übernehmen also keine Garantie.

Größere Cocktailmengen bereitet man am besten auch in einem elektrischen Mixer zu. Sind allerdings Eiswürfel im Spiel, würden sie vom Mixer zerschlagen werden. Deshalb besser einen Mixeinsatz aus Plastik nehmen, der nicht schneidet, sondern nur verrührt. Oder man wechselt von dem Messereinsatz zum Quirl. Der muss allerdings so stabil sein, dass ihm die harten Eiswürfel nichts anhaben können.

Trinkhalme passen nicht immer, aber fast. Und sie gehören unbedingt in einen Drink, in dem viele Eiswürfel mitschwimmen. Die stören nämlich, wenn man direkt aus dem Glas trinken muss. Auch an üppigen Dekorationen kommt man dank Trinkhalm ohne Kollision vorbei. Und wer zwei Halme spendiert, lädt dazu ein, den Drink mit jemand anderem zu teilen.
Dekoration darf fast immer sein, muss aber nicht. Wichtig ist der Drink, nicht was auf dem Glasrand sitzt. Also bei der Deko nicht übertreiben. Ein Stückchen Frucht, die möglichst auch etwas mit dem Inhalt des Drinks zu tun hat, und vielleicht ein kleiner Minzezweig reichen oft aus. Oder sind die Drinks so schlecht, dass man davon ablenken muss?

Durchblick bei den Gläsern.
Wer hat schon den Platz, seine Schränke mit Cocktailgläsern und -schalen, mit speziellen Gläsern für Martini, Whisk(e)y, Sherry und Grog zu füllen und daneben noch für den Sekt jeweils Schalen und Flöten parat zu haben. Pfeif' drauf. Braucht man nicht. Eine Becherglassorte und eine Art von Weinglas reichen für den Anfang. Cocktail-Fans legen sich noch einige klassische Cocktailgläser zu, deren Umriss einem Dreieck plus Stiel gleicht. Das war's dann auch. Ganz bewusst fehlen daher in diesem Buch bei den Drinks genaue Hinweise auf die diversen Glastypen. Nur auf das Entscheidenste wird hingewiesen: Soll das Glas klein oder groß sein, hoch oder niedrig. Ohnehin machen die Gläser die Drinks nicht unbedingt so viel besser, sondern vielleicht etwas chicer. Also: Wer unbedingt auf Styling steht, lässt sich Gläser schenken. Die sollten dann allerdings perfekt sein, also klar im Design, gut in der Hand und nicht allzu zerbrechlich in der Spülmaschine.

Kaffee & Co.

Die Maschine kocht den Kaffee. Wer braucht da ein Rezept? Na jeder, der mehr als nur einen dunkelbraunen Muntermacher will! Und hier kommen die Tricks, wie ein einfacher Schwarzer zum Aromaerlebnis wird. Mit besten Grüßen an die Kaffeekränzchen unserer Großmütter.

Und der Eistee-Boom hat uns ja schon lange gezeigt, dass auch Traditionelles – geschmacklich leicht aufgepeppt – eine neue Genusswelle auslösen kann.

Café Kaneel

FÜR EINE TASSE: Je nach Geschmack 2–3 Prisen Zimtpulver in eine Tasse streuen und diese mit heißem, dampfendem Kaffee auffüllen. Das Ganze mit 1 etwas längeren Stange Zimt zum Umrühren krönen. Sofort genießen.

AUCH NICHT SCHLECHT: Man kann den Kaffee auch gleich mit etwas Zimt kochen. Dafür 1/4 TL Zimtpulver mit zum Kaffeepulver in den Filter geben und mit kochend heißem Wasser überbrühen. Oder den Kaffee wie die Araber trinken: dann statt des Zimts Kardamompulver zugeben.

Café Muscade

FÜR EINE TASSE: Wer einen kräftigen Kaffee mit starkem Aroma trinkt, gibt diesen frisch gebrüht in die Tasse. Darüber ein wenig Muskatnuss reiben und etwas Kakaopulver darauf stäuben. Die Muskatnuss macht den Kaffee leicht exotisch und der Kakao erinnert an die frühe Jugend – starke Mischung, oder?

AUCH NICHT SCHLECHT: 1 Klecks Schlagsahne mit etwas Kakaopulver und 1 Prise Nelkenpulver verrühren und als Aromatüpfelchen auf den Kaffee geben. Muskat weglassen. Dann schmeckt der Kaffee ein wenig nach Weihnachten. Kaffee mit hohem Kuschelfaktor.

Café Vanille

FÜR EINE TASSE: 1/4 Vanilleschote mit einem kleinen spitzen Messer längs einschneiden und das Mark herauskratzen. In die Tasse geben, mit Kaffee aufgießen. Umrühren und servieren.

TIPP: Wer das Auskratzen der Vanilleschote zu umständlich findet, kann im Gewürzladen auch gemahlene Vanille bekommen. Und Kaffeeliebhaber, die ohnehin ihren Schwarzen mit Zucker trinken, machen es sich ganz einfach und nehmen für den Café Vanille Bourbon Vanillezucker zum Süßen.

Nicht nur für Kaffeetanten

Kaffee

Aroma

inclusive

Kaffee mit Schuss

Pharisäer

FÜR EINE TASSE: 2 cl brauner Rum • 1 TL Zucker • 150 ml heißer Kaffee • 5 cl Sahne

1 Den Rum und den Zucker in eine Tasse geben und ein paar Mal umrühren, so dass sich der Zucker auflöst. Den heißen Kaffee sofort aufgießen.

2 Die Sahne rasch ein bisschen aufschlagen (am besten mit dem Schneebesen) und als satten Klecks auf den Kaffee in die Tasse geben. Den Pharisäer durch die Sahne hindurch trinken.

Carajillo

FÜR EINE TASSE: 3 aromatisch duftende Kaffeebohnen (Sorte ganz nach Geschmack) • 2 cl guter Weinbrand • 150 ml heißer, sehr starker Kaffee

1 Die Kaffeebohnen in eine Tasse geben und den Weinbrand gleich darauf gießen.

2 Dann Kaffeebohnen und Weinbrand mit dem starken Kaffee übergießen. Den entstehenden Weinbrand-Duft genießen, die Kaffeebohnen ansinken lassen und jetzt erst den Kaffee langsam trinken.

AUCH NICHT SCHLECHT: Die Kaffeebohnen mit dem Weinbrand in einen Mörser geben, sehr grob zerstoßen und in die Tasse füllen. Gibt mehr Geschmack, allerdings bleibt dann auch ein Kaffeesatz in der Tasse.

Café Pucci

FÜR EINE TASSE: 1 cl brauner Rum • 1 cl Mandellikör • 1 TL Zucker • 1 heißer, doppelter Espresso (etwa 80 ml)

1 Den Rum und den Mandellikör in eine Tasse geben und den Zucker unter Rühren darin auflösen.

2 Den doppelten Espresso über die Rum-Likör-Mischung gießen. Café Pucci langsam austrinken.

AUCH NICHT SCHLECHT: Anstelle des Mandellikörs einen Orangenlikör in den Espresso geben. Das verleiht dem kleinen Schwarzen eine fruchtige Note. Und wer es etwas stärker mag, nimmt statt Rum und Likör einen guten Obstler. Solch ein **Café Williams Birne** oder **Café Kirsch** mundet auch großen Kaffeeklatsch-Kritikern.

Kaffee international

México Café

FÜR EINE TASSE: 1 kleines Stück Zartbitterschokolade (nicht zu hart bitte) • 1 kleinere oder größere Prise Zimtpulver • 100 ml heißer, starker Kaffee • 2 cl Kaffeelikör • 1 etwas längere Stange Zimt

1 Das kleine Stück nicht zu harte Zartbitterschokolade in eine Tasse geben und je nach Geschmack mit 1 kleineren oder größeren Prise Zimtpulver bestreuen.

2 Das Schokoladenstückchen mit dem Kaffee übergießen, kurz umrühren, so dass die Schokolade zu zergehen beginnt. Den Kaffeelikör zum Kaffee geben. Den México Café mit der Zimtstange anstelle eines Löffels servieren.

Irish Coffee

FÜR EINE TASSE: 1 TL brauner Zucker • 150 ml heißer, starker Kaffee • 5 cl Irish Whiskey • 5 cl Sahne

1 Den Zucker in eine hohe Tasse oder ein hohes Glas geben und mit dem Kaffee auffüllen. Den Whiskey langsam zugeben. Die Sahne mit einem kleinen Schneebesen kurz schlagen, bis sie beginnt, leicht cremig zu werden.

2 Die Sahne über den Rücken eines Löffels langsam auf die Kaffeeoberfläche laufen lassen. Jetzt Sahne keinesfalls unter den Kaffee rühren, sondern diesen durch die Sahne hindurch trinken – ganz auf die echte irische Art. (Meist wird der Irish Coffee mit richtig steif geschlagener Sahne angeboten: Schmeckt auch, ist aber nicht ganz original und macht vor allem mehr Arbeit!)

Jamaican Coffee

FÜR EINE TASSE: 2 cl brauner Jamaica Rum • 2 cl Kaffeelikör • 150 ml heißer Kaffee

1 Den Jamaika Rum und den Kaffeelikör in eine breite, große Tasse geben, worin sich viel Aroma sammeln kann.

2 Die Rum-Likör-Mischung mit dem heißen Kaffee auffüllen. Dabei entsteht der typische Duft des Jamaican Coffee. Deshalb die Nase tief in die Tasse halten und den Kaffee möglichst heiß trinken.

AUCH NICHT SCHLECHT: Der Jamaican Coffee wird zum **Caribbean Coffee**, wenn Sie zum Rum und Kaffeelikör noch 2 TL Zucker geben und den Coffee mit 2 TL leicht geschlagener Sahne abdecken. Etwas für Süßschnäbel.

Spezialitäten

ohne Grenzen

Heiße Schokoladen

Hot Chocolate

FÜR EINE TASSE: 100 g Sahne • 1–2 TL Vanillezucker • 200 ml Milch • 1 TL Kakaopulver • 1 TL Zucker • ein paar feinste Schokoladenstreusel oder -röllchen (Vollmilch oder Zartbitter, der Geschmack entscheidet)

1 Die Sahne mit dem Vanillezucker steif schlagen. Wer es nicht so süß mag, nimmt 1 TL, alle anderen 2 TL Vanillezucker. Die Milch aufkochen. Kakaopulver mit dem Zucker mischen, in die kochend heiße Milch geben und unter Rühren nochmals kurz aufkochen lassen. Achtung: Überkochgefahr, am besten dabei stehen bleiben.

2 Die heiße Schokolade in eine große Tasse geben. Die Sahne darauf setzen und mit Schokostreuseln oder -röllchen verzieren. Vergessen zu kaufen? Kein Problem, einfach etwas Schokolade (was im Haus ist) mit der feinen oder groben Küchenreibe darüber reiben.

AUCH NICHT SCHLECHT: der **Hot Coco-Choco.** Wie Hot Chocolate zubereiten, nur unter die Sahne 1 TL feine Kokosflocken heben und die Milch zur Hälfte durch Kokoslikör ersetzen. Den Zucker weglassen. Mit Kokosflocken verzieren. Ebenso ein Hochgenuss – der **After Eight.** Auch wie Hot Chocolate machen, allerdings in die fertige heiße Schokolade noch 2 cl Pfefferminzlikör geben und die Sahne anstelle von Schokostreuseln oder -röllchen mit einem Blättchen After Eight verzieren. Die feine englische Art für Queens and Kings.

Hot Schoko Punch

FÜR EIN GLAS: 150 ml Milch • 1 TL Zucker • 1 TL Kakaopulver • 2 cl Whisk(e)y • 5 cl Sahne • 1/4 TL Zimtpulver • 1 etwas längere Stange Zimt

1 Die Milch mit dem Zucker und dem Kakaopulver aufkochen, dabei kräftig rühren, damit sich das Pulver gleichmäßig verteilt und es keine Klümpchen gibt. Den Whisk(e)y und die Sahne zugeben, alles vom Herd nehmen und mit einem Schneebesen schnell schaumig schlagen.

2 Die Whisk(e)y-Milch mit etwas von dem Zimtpulver abschmecken und in ein vorgewärmtes Glas geben. Mit dem übrigen Zimtpulver bestreuen und mit der Zimtstange servieren.

GUT ZU WISSEN: Jeder kleine Supermarkt führt mehrere Whisk(e)y-Sorten in unterschiedlichen Preiskategorien. Für diesen heißen Schokopunsch darf es ruhig die günstigere Variante sein. Gegenüber der Hitze und den Aromastoffen von Kakao und Zimt blieben die feinen Geschmacksnoten eines teuren Whisk(e)ys ohnehin auf der Strecke.

Cremiges
im Hand-
umdrehen
5

Kalter Kaffee

Eiskaffee à l'orange

FÜR EIN GLAS: 1 Kugel Orangeneis • 1 große unbehandelte Orange • 300 ml kalter Kaffee • 1 ganz frisches Eigelb • 2 TL Zucker • 2 Eiswürfel

1 Ein Glas im Tiefkühlschrank vorkühlen. Das Orangeneis ins Glas geben. Orange heiß waschen und halbieren. Von einer Fruchthälfte ein paar Schnitze abschneiden, einschneiden und an den Glasrand stecken. Aus den restlichen Fruchthälften den Saft auspressen.

2 Orangensaft, Kaffee, Eigelb und Zucker mit den Eiswürfeln shaken. Die Mischung durch ein Sieb über dem Orangeneis abgießen. Für den Eiskaffee-Genuss braucht man unbedingt einen Trinkhalm und einen langen Löffel.

AUCH NICHT SCHLECHT: eine Karibik-Variante, nämlich ein **Kokos-Eiskaffee.** Der ist wie der Eiskaffee à l'Orange, allerdings statt Orangeneis 1 Kugel Kokoseis verwenden, zusätzlich 1 TL Kokoslikör mitshaken und 50 g leicht geschlagene Sahne obendrauf setzen. Mit goldgelb gebräunten Kokosflocken bestreuen. Sieht nicht nur klasse karibisch aus, sondern schmeckt auch supersonnig.

Eiskaffee classic

FÜR EIN GLAS: 1 Kugel Vanilleeis • 200 ml kalter Kaffee • 1 cl Kaffeelikör • 5 cl Sahne • 1 TL Zucker • ein paar Schokostreusel oder -röllchen (Vollmilch oder Zartbitter, der Geschmack entscheidet)

1 Ein Glas im Tiefkühlschrank vorkühlen. Das Vanilleeis ins Glas geben. Den kalten Kaffee und den Likör langsam über das Vanilleeis laufen lassen.

2 Die Sahne mit dem Zucker steif schlagen und als „Kühlhaube" auf den Eiskaffee geben. Mit Schokostreuseln oder -röllchen garnieren. Auch hier sind Trinkhalm und langer Löffel angesagt.

AUCH NICHT SCHLECHT: Eiskaffee ohne Alk. Ist wie der Eiskaffee classic, doch ohne den Kaffeelikör. Damit auch Kinder und Autofahrer bedenkenlos genießen dürfen. Lecker schokoladig schmeckt der Eiskaffee, wenn anstelle des Likörs 1 TL Kakaopulver eingerührt wird.

macht nicht nur

schön

Coole Eistees

Ananas-Eistee

FÜR ACHT GLÄSER: 3 TL schwarze Teeblätter • 100 g Zucker • 300 ml eiskalter Ananassaft • 300 ml eiskaltes Ginger Ale • 1 Spritzer Zitronensaft (oder ein bisschen mehr) • 16 Eiswürfel

1 Die Teeblätter mit 1/2 l kochend heißem Wasser aufbrühen und etwa 5 Minuten ziehen lassen. Dann durch ein Sieb in 1/2 l kaltes Wasser abgießen und auskühlen lassen.

2 Zucker, Ananassaft und Ginger Ale zugeben, mit Zitronensaft abschmecken. Die Eiswürfel auf hohe Gläser verteilen und darauf den Eistee gießen. Mit bunten Trinkhalmen auf den Tisch bringen.

Himbeer-Trauben-Eistee

FÜR ACHT GLÄSER: 3 TL schwarze Teeblätter • 100 g Himbeeren • 1 Zitrone • 1/2 l eiskalter dunkler Traubensaft • Zucker nach Geschmack • 16 Eiswürfel

1 Die Teeblätter mit 1/2 l kochend heißem Wasser aufbrühen und etwa 5 Minuten ziehen lassen. Dann durch ein Sieb in 1/2 l kaltes Wasser abgießen und auskühlen lassen.

2 Die Himbeeren vorsichtig abbrausen und die Kelchblätter entfernen. Etwas größere Himbeeren eventuell durchschneiden. Die Zitrone auspressen.

3 Den Zitronensaft mit den Himbeeren und dem Traubensaft zum Tee geben, mit wenig oder etwas mehr Zucker süßen. Die Eiswürfel in die Gläser geben und die Teemischung hineingießen.

Früchte-Eistee

FÜR ACHT GLÄSER: 4 TL Früchtetee-Mischung • 1/2 l eiskalter klarer Apfelsaft • 2 Orangen • 200 ml eiskalter Ananassaft • 16 Eiswürfel • 16 frische Ananasstückchen (notfalls gehen auch welche aus der Dose)

1 Die Teemischung mit 1/2 l kochend heißem Wasser aufbrühen und etwa 10 Minuten ziehen lassen. Dann durch ein Sieb in den Apfelsaft abgießen. Auskühlen lassen.

2 Die Orangen auspressen und den Orangensaft mit dem Ananassaft zum Tee gießen. Die Eiswürfel auf die Gläser verteilen und den Früchtetee einfüllen. In jedes Glas 1 Ananasstückchen geben, restliche Ananasstückchen einschneiden und auf den Glasrand setzen.

rinse

Coole Eistees

Gewürzter Eistee

FÜR ACHT GLÄSER: 4 TL schwarze Teeblätter • 1 TL Ingwerpulver • 1 Stange Zimt • 4 Gewürznelken • 4 unbehandelte Zitronen • 150 g Zucker • 16 Eiswürfel

1 Teeblätter, Ingwerpulver, Zimtstange und Nelken mit 1 1/2 l kochend heißem Wasser aufbrühen und etwa 7 Minuten ziehen lassen. Dann durch ein Sieb abgießen und auskühlen lassen.

2 Von den Zitronen 3 Stück auspressen und den Saft in den Tee rühren. Mit dem Zucker abschmecken (wer's nicht so süß mag, nimmt einfach weniger).

3 Die Eiswürfel in die Gläser geben, den Tee einfüllen. Übrige Zitrone heiß waschen und in Scheiben schneiden. Die Zitronenscheiben einschneiden und die Glasränder damit dekorieren.

AUCH NICHT SCHLECHT: Der Eistee für heiße Stunden. Wird wie der gewürzte Eistee gemixt, doch anstelle des Zitronensaftes kommen 100 ml Pfirsichlikör dazu. Und der Zucker bleibt weg, denn der Likör gibt dem Eistee nicht nur die innere Wärme, sondern auch genügend Süße.

Hibiskus-Minze-Eistee

FÜR ACHT GLÄSER: 2 TL Hibiskustee-Mischung • 1 TL Nanaminze-Teeblätter (kommen aus Marokko, gibt's in jedem Teeladen) • 1/4 l eiskalter klarer Apfelsaft • Zucker nach Geschmack • 16 Eiswürfel • eiskaltes Mineralwasser mit Kohlensäure zum Auffüllen • 1 unbehandelte Limette

1 Hibiskustee-Mischung und Nanaminze-Teeblätter mit 1/2 l kochend heißem Wasser aufbrühen und etwa 10 Minuten ziehen lassen. Dann durch ein Sieb abgießen und auskühlen lassen.

2 Den kalten Tee mit dem Apfelsaft mischen und mit Zucker abschmecken. Die Eiswürfel auf die Gläser verteilen, den Tee darüber gießen und mit Mineralwasser auffüllen.

3 Die Limette heiß waschen und in dünne Scheiben schneiden. Die Limettenscheiben einschneiden und an die Glasränder stecken.

kalt, köstlich,

kunterbunt

Null Promille

Die Smoothies und Boosters sind die Drink-Entdeckung des Millenniums. Und das sicher nicht nur für Anti-Alkoholiker oder Autofahrer. Wenn nämlich der pure Geschmack und die volle Frische aus der Frucht die Zunge umschmeicheln, haben die Aromarezeptoren genug zu tun, und nicht einer vermisst den Alkoholkick.

So drink what you like: schmusig-zarte Smoothies oder kräftig-freshe Boosters!

Tomatillo-Smoothie

FÜR EIN GLAS: 1 Stück frischen Ingwer (in der Größe eines Daumennagels) schälen, mit 150 ml Tomatensaft, 50 g Naturjogurt (also etwa 2 gehäufte EL voll) und 2 Eiswürfeln im Elektromixer oder in der Haushaltsmaschine pürieren.

Den Tomatillo-Smoothie mit Salz, weißem Pfeffer aus der Mühle und wenigen Tropfen Aceto balsamico pikant würzen.

AUCH NICHT SCHLECHT: Wer Tomatensaft noch nicht einmal im Flugzeug trinkt, der nimmt bei diesem Smoothie einfach Apfelsaft. Kleiner Tipp zum Apfelsaft: Der naturtrübe hat weitaus mehr Geschmack!

Sellerie-Apfel-Quicky

FÜR EIN GLAS: 3 TL Mandelmus mit 5 cl Selleriemost (gibt es beides im Reformhaus), 150 ml naturtrübem Apfelsaft und 1 cl Zitronensaft im Elektromixer oder mit dem Stabmixer schaumig pürieren. Smoothie mit Salz und weißem Pfeffer aus der Mühle pikant abschmecken. In ein schmales Glas füllen.

1 kleine Stange Sellerie gut waschen, putzen und mit ins Glas geben – zum Umrühren und Reinbeißen.

AUCH NICHT SCHLECHT: Den Selleriemost streichen und durch Rote-Bete-Saft (gibt's ebenfalls im Reformhaus) ersetzen. Mit 1 kleinen Prise Nelkenpulver würzen. Dieser Smoothie sieht nicht nur klasse aus, sondern schmeckt auch überraschend gut.

Pink Tomato

FÜR EIN GLAS: 100 ml Tomatensaft mit etwa 2 cl Zitronensaft und 100 g Dickmilch mit 2 Eiswürfeln im Elektromixer oder der Haushaltsmaschine pürieren.

1/4 Bund Petersilie abbrausen und trockenschütteln. Die Blätter von den Zweigen zupfen, in die Mischung geben und alles nochmal kurz pürieren. Den Drink mit Pfeffer aus der Mühle und Tabasco je nach Lust auf Schärfe mehr oder weniger pikant abschmecken. Den Pink-Tomato-Smoothie in ein Glas geben.

Und nun noch was fürs Auge: 4–5 (je nach Größe) Kirschtomaten auf einen hübschen, langen Cocktailspieß stecken und auf das Glas legen.

Für den großen Durst und kleinen Hunger

Zungen

Kitzler

zum Wohlfühlen

Gemüse-Smoothies

Kokos-Möhren-Smoothie

FÜR EIN GLAS: 100 ml Möhrensaft • 5 cl Kokosmilch • 50 g Naturjogurt • 2 Eiswürfel • einige Spritzer Tabasco • etwas Currypulver • Salz • 1–2 TL Kokosflocken

1 Den Möhrensaft mit Kokosmilch, Jogurt und Eiswürfeln im Elektromixer oder in der Haushaltsmaschine auf höchster Stufe (Deckel!) sehr schaumig pürieren.

2 Den Smoothie mit einigen Spritzern Tabasco, etwas Currypulver und ein wenig Salz pikant würzen. Den Smoothie in ein Glas füllen.

3 Die Kokosflocken ohne Fett in eine Pfanne geben und bei mittlerer Hitze leicht bräunen lassen. Dabei immer gut umrühren, sonst werden sie schnell schwarz. Die gebräunten Kokosflocken über den Smoothie streuen.

Gurken-Kiwi-Shake

FÜR EIN GLAS: 1/3 Salatgurke • 2 Kiwis • 100 ml eiskalter naturtrüber Apfelsaft • 1 TL Mandelmus (aus dem Reformhaus)

1 Die Gurke und die Kiwis schälen, je 1 dicke Scheibe abschneiden und zum Dekorieren zurückbehalten. Den Rest grob schneiden und mit dem Apfelsaft und dem Mandelmus im Elektromixer oder in der Haushaltsmaschine auf höchster Stufe (Deckel!) schaumig pürieren.

2 Den Gurken-Kiwi-Shake in ein Glas geben. Und nun kommen die zurückbehaltene Gurken- und Kiwischeibe zu ihrem Auftritt. Dafür müssen sie je einmal eingeschnitten und an den Glasrand gesteckt werden.

AUCH NICHT SCHLECHT: der etwas exotischere **Gurken-Papaya-Shake**. Wird gemacht wie der Gurken-Kiwi-Shake, nur anstelle der beiden Kiwis halbiert man 1 vollreife Papaya, entfernt die Kerne, löst das Fruchtfleisch aus den beiden Hälften, lässt ein dreieckiges Papayastück zurück und püriert den Rest wie oben beschrieben mit den anderen Zutaten. Wenn der Drink zu zähflüssig wird, eventuell etwas mehr Apfelsaft zugeben. Dekoriert wird der Gurken-Papaya-Shake nun mit der runden Gurken- und der eckigen Papayascheibe.

Beeren-Smoothies

Himbeer Dream

FÜR EIN GLAS: 100 g TK-Himbeeren • 100 ml Ananassaft • 5 cl Buttermilch • 1 Vanilleschote

1 Von den Himbeeren 2–3 Stück auftauen lassen, restliche tiefgekühlte Beeren mit dem Ananassaft und der Buttermilch im Elektromixer oder in der Haushaltsmaschine mit voller Kraft pürieren.

2 Die Vanilleschote längs einschneiden und das Mark mit der Messerspitze herauskratzen. Zu dem Himbeer-Smoothie geben, nochmals kurz pürieren und in ein Glas füllen. Die nun aufgetauten ganzen Himbeeren auf die wieder zusammengeklappte Vanilleschote stecken und als Spieß in das Glas geben.

Blaue Stunde

FÜR EIN GLAS: 100 g Heidelbeeren • 50 g Brombeeren • 5 cl Himbeersaft • 80 g Naturjogurt • 2 Eiswürfel

1 Heidelbeeren und Brombeeren verlesen, waschen, putzen und die 4–5 schönsten Beeren für die spätere Deko zurücklegen. Restliche Beeren mit Himbeersaft, Jogurt und den Eiswürfeln im Elektromixer oder in der Haushaltsmaschine schaumig und cremig pürieren.

2 Den Beeren-Smoothie in ein großes Glas gießen. Die zurückgelegten Beeren vorsichtig auf ein Cocktailstäbchen oder auch auf einen Holzspieß stecken und über den Glasrand legen.

AUCH NICHT SCHLECHT: Wer keine frischen Beeren bekommt, kann auch tiefgekühlte verwenden. Diese nur kurz antauen lassen und dann wie beschrieben mit den anderen Zutaten pürieren. Das heißt, die Eiswürfel kann man sich sparen, denn die Beeren sind ja bereits gut kalt. Falls der Drink nun sogar zu kühl geworden ist, den Smoothie im Mixer etwas stehen lassen. Dann nochmals kurz pürieren und erst dann ins Glas gießen.

Zungenschmeichler

FÜR EIN GLAS: 1 schön reife Papaya • 100 g TK-Himbeeren • 100 ml Orangensaft • 5 cl Kokosmilch • 1–2 TL Honig • etwas Zimtpulver • 1 TL Kokosraspel

1 Die Papaya waschen, halbieren und die dunklen Kerne mit einem Löffel herausschaben. Von einer Hälfte einen kleinen Schnitz abschneiden und beiseite legen. Das restliche Papayafruchtfleisch aus der Schale lösen und mit Himbeeren, Orangensaft und Kokosmilch im Elektromixer oder in der Haushaltsmaschine schaumig pürieren.

2 Den Früchte-Smoothie mit Honig und Zimt abschmecken und in ein Glas gießen. Beiseite gelegten Papayaschnitz einschneiden und auf den Glasrand stecken. Mit den Kokosraspeln und etwas Zimtpulver bestreuen.

weich + leicht

creamy-dreamy

Exoten-Smoothies

Kiwi Kiss

FÜR EIN GLAS: 2 Kiwis • 1/4 Honigmelone • 2 Limetten • 2 Eiswürfel • 1–2 TL Honig

1 Die Kiwis schälen und grob schneiden. Bei der Melone die Kerne entfernen und einen Schnitz abschneiden. Von der restlichen Melone das Fruchtfleisch aus der Schale schneiden. Die Limetten auspressen.

2 Die Kiwis und das Melonenfruchtfleisch mit dem Limettensaft und den Eiswürfeln im Elektromixer oder in der Haushaltsmaschine pürieren und mit Honig süß abschmecken. Den Kiwi Kiss in ein Glas geben und mit dem Melonenschnitz servieren. Und dann genüsslich schlürfen – denn nur echte Küsse schmecken besser.

Melonen-Mango-Mix

FÜR EIN GLAS: 1 schön reife Mango • 1/4 Galia-Melone • 5 cl eiskalter naturtrüber Apfelsaft • 100 g eiskalter Kefir • etwas Zimtpulver • ein paar Minzeblättchen

1 Die Mango schälen und das Fruchtfleisch rechts und links vom Kern schneiden. Bei der Melone die Kerne entfernen und das Fruchtfleisch aus der Schale lösen. Mango- und Melonenfruchtfleisch mit dem Apfelsaft und dem Kefir im Elektromixer oder in der Haushaltsmaschine pürieren.

2 Den Melonen-Mango-Mix mit etwas Zimtpulver würzen und in ein Glas geben. Mit Minzeblättchen dekorieren.

Banana Blues

FÜR EIN GLAS: 1 Banane • 100 ml eiskalter Birnensaft • 100 g Naturjogurt • 2 Eiswürfel • etwas Zimtpulver

1 Die Banane schälen, grob zerkleinern und mit dem Birnensaft, dem Jogurt und den Eiswürfeln im Elektromixer oder in der Haushaltsmaschine mit voller Power pürieren.

2 Den Smoothie in ein Glas geben und mit etwas Zimtpulver bestreuen. Den Banana Blues unbedingt mit dicken Trinkhalmen servieren, so trinkt er sich am besten (ohne geht es aber notfalls auch).

Happy-Smiley-Smoothies :-)

Erdbeer Star >:-))

FÜR EIN GLAS: 1 kleine Banane • 1 Kiwi • 100 g Erdbeeren • 150 ml eiskalter naturtrüber Apfelsaft

1 Die Banane und die Kiwi schälen und in grobe Stücke schneiden. Die Erdbeeren verlesen, waschen und putzen, die schönste Erdbeere zurückbehalten. Kiwi, Banane und Erdbeeren mit dem Apfelsaft im Elektromixer oder in der Haushaltsmaschine pürieren.

2 Das Püree in ein Glas geben. Die zurückbehaltene Erdbeere einschneiden und an den Glasrand stecken.

AUCH NICHT SCHLECHT: der supercremige **Strawberry-Slight.** Wie den Erdbeer Star zubereiten, doch die Kiwi weglassen und 50 g Dickmilch unter das Püree rühren. Und noch 'ne Variante: **Cranberry Smoothie.** Hier nur anstelle des Apfelsafts die gleiche Menge Cranberry-Fruchtsaftgetränk nehmen.

Sonny Smoothie :O))

FÜR EIN GLAS: 1/4 Ananas • 100 ml Orangensaft • 5 cl Kokosmilch • 1 unbehandelte Zitrone • 1 TL Zucker

1 Ananasfruchtfleisch vom harten, mittleren Strunk und von der Schale befreien. Fruchtfleisch in grobe Stücke schneiden und mit O-Saft und Kokosmilch im Elektromixer oder in der Haushaltsmaschine pürieren.

2 Die Zitrone heiß waschen und ein paar dünne Scheiben oder einen Schnitz abschneiden. Von der restlichen Zitrone den Saft auspressen. Den Smoothie mit Zitronensaft und Zucker abschmecken, in ein Glas füllen. Die Zitronenscheiben oder den Schnitz einschneiden und an den Glasrand stecken.

Peanuts Power :->

FÜR EIN GLAS: 1 Banane • 4 EL Erdnussbutter • 100 ml naturtrüber Apfelsaft • 100 ml Ananassaft • 2 Eiswürfel • ein paar wenige Apfelscheiben oder -schnitze (in ein bisschen Zitronensaft getaucht)

1 Die Banane schälen, grob zerkleinern und mit Erdnussbutter, Apfelsaft, Ananassaft und den Eiswürfeln im Elektromixer oder in der Haushaltsmaschine pürieren.

2 Den Smoothie in ein Glas geben. Apfelscheiben oder -schnitze einschneiden und als Deko auf den Glasrand setzen. Den Peanuts Power servieren – vielleicht mit zwei dicken, bunten Trinkhalmen. Das macht Laune!

macht gute

Laune

Boosters – die Erste

Fisherman's Warf

FÜR EIN GLAS: 1/4 Ananas • 1 unbehandelte Limette • 100 ml Grapefruitsaft • 5 cl naturtrüber Apfelsaft

1 Das Ananasfruchtfleisch vom harten, mittleren Strunk und von der Schale befreien, das Fruchtfleisch in grobe Stücke schneiden. Die Limette heiß waschen, halbieren und 1 Scheibe abschneiden, die Hälften auspressen.

2 Den Limetten-, den Grapefruit- und den Apfelsaft mit dem Ananasfruchtfleisch in einem Elektromixer oder in der Haushaltsmaschine pürieren. Booster in ein Glas geben. Die Limettenscheibe halbieren und auf einen Spieß stecken, über den Glasrand legen.

AUCH NICHT SCHLECHT: Wer's süßer mag, trinkt den **Pineapple-Booster.** Er wird wie der Fisherman's Warf gemixt, enthält aber keinen herben Grapefruitsaft, sondern stattdessen die gleiche Menge an süßem Ananassaft.

Ginger Flash

FÜR EIN GLAS: 5 cl Ginger Ale • 100 ml klarer Apfelsaft • 5 cl Birnensaft • 8 Eiswürfel • 1 kleinen Apfelschnitz (in ein bisschen Zitronensaft getaucht)

1 Ein langes, schmales Glas für den Ginger Flash kurz in der Tiefkühltruhe kühlen. Dann bekommt das Glas ein schönes frostiges Aussehen und der Booster bleibt länger kalt.

2 Ginger Ale und den Apfel- und den Birnensaft mit den Eiswürfeln kräftig shaken und dann durch ein Sieb in das gekühlte Glas abgießen. Zur Deko den Apfelschnitz kleiner schneiden, auf einen Spieß stecken und über den Glasrand legen.

AUCH NICHT SCHLECHT: Weniger süß schmeckt der **Tonic Flash,** denn hier wird auf den Birnensaft verzichtet und statt Ginger Ale 100 ml Tonic Water mit dem Apfelsaft und den Eiswürfeln geschüttelt.

der ultimative

Vitalstoff-Stoß

Boosters – die Zweite

Kiwi Cooler

FÜR EIN GLAS: 2 Kiwis • 150 ml naturtrüber Apfelsaft • 2 Eiswürfel • Mineralwasser mit Kohlensäure zum Auffüllen

1 Ein langes, schmales Glas für den Kiwi Cooler kurz in der Tiefkühltruhe kühlen. Das gibt gute Optik und hält den Cooler länger cool.

2 Die Kiwis schälen, grob zerkleinern und mit dem Apfelsaft und den Eiswürfeln im Elektromixer oder in der Haushaltsmaschine mit voller Power pürieren. Das kalte Fruchtpüree in das gekühlte Glas geben, mit Mineralwasser auffüllen, umrühren, fertig. Nach Lust und Laune mit zwei dicken, bunten Trinkhalmen servieren.

Orange Park

FÜR EIN GLAS: 1/3 Salatgurke • 100 ml Möhrensaft • 5 cl Selleriesaft (gibt's im Reformhaus) • 1/4 Bund glatte Petersilie • Salz • weißer Pfeffer aus der Mühle • einige Spritzer Tabasco • 1 Frühlingszwiebel

1 Gurke schälen, zerkleinern und mit Möhren- und Selleriesaft im Elektromixer oder in der Haushaltsmaschine fein pürieren. Petersilie abbrausen, trockenschütteln und die Blätter dazugeben. Nochmals pürieren – aber grob.

2 Den Drink in ein Glas füllen und mit Salz, Pfeffer und Tabasco pikant würzen. Doch Vorsicht: Beim Würzen mit Tabasco etwas zurückhalten, denn der ist scharf. Und schließlich kann jeder noch nachwürzen.

3 Zur Deko die Frühlingszwiebel waschen, putzen, längs einschneiden und als „Löffel" ins Glas stecken.

AUCH NICHT SCHLECHT: die gurkenfreie Alternative **Orange Sun.** Geht wie Orange Park, jedoch anstelle der Gurke 2 Orangen auspressen und den O-Saft mit den anderen Säften mixen. Die Petersilie wird ersatzlos gestrichen und abgeschmeckt wird höchstens noch mit weißem Pfeffer – und eventuell einem Hauch Currypulver.

Früchte-Booster

FÜR EIN GLAS: 1/4 Ananas • 100 g Erdbeeren • 150 ml naturtrüber Apfelsaft

1 Das Ananasfruchtfleisch vom harten, mittleren Strunk und von der Schale befreien. Vom Fruchtfleisch 2 kleine Schnitze abschneiden und beiseite legen. Übriges Fruchtfleisch in grobe Stücke teilen. Die Erdbeeren verlesen, waschen, putzen. 3 schöne Beeren zur Seite legen, restliche mit Ananasstücken und Apfelsaft im Elektromixer oder in der Haushaltsmaschine pürieren.

2 Den Drink in ein Glas geben. Die beiseite gelegten Ananasstückchen und Erdbeeren auf einen Cocktailspieß oder einen kleinen Spieß aus Holz stecken und über den Glasrand legen.

Classic-Drinks

Maradona

FÜR EIN GLAS: 100 ml Maracujanektar • 2 cl Maracujasirup • 4 cl Milch • 10 Eiswürfel • 1 Kapstachelbeere

1 Maracujanektar, Maracujasirup und Milch mit 6 Eiswürfeln kräftig shaken. Restliche Eiswürfel im Elektromixer oder in der Haushaltsmaschine zu crushed ice pürieren. Oder die Eiswürfel in ein Küchentuch einwickeln und mehrmals kräftig auf den Tisch schlagen oder mit einem Hammer aus Holz bearbeiten.

2 Das crushed ice in ein langes, schmales Glas füllen und die Drinkmischung durch ein Sieb darauf gießen. Die Kapstachelbeere einschneiden und an den Glasrand stecken.

Ipanema

FÜR EIN GLAS: 2 unbehandelte Limetten • 2 TL brauner Zucker • 4 cl Maracujanektar • 10 Eiswürfel • Ginger Ale zum Auffüllen

1 Die Limetten heiß waschen. 1 Limette vierteln, in einen Shaker oder ein Becherglas geben und den Zucker darüber streuen. Die Limettenstücke mit einem Holzstößel ausdrücken (mit einer Gabel geht's auch).

2 Aus der zweiten Limette 1 Scheibe herausschneiden und beiseite legen. Verbleibende Fruchthälften auspressen und den Saft mit Maracujanektar und 6 Eiswürfeln zu den ausgedrückten Limettenvierteln geben. Kräftig shaken.

3 Die übrigen Eiswürfel in ein langes, schmales Glas füllen und die Drinkmischung durch ein Sieb darin abgießen. Mit Ginger Ale auffüllen. Die Limettenscheibe vierteln, die Viertel einschneiden und an den Glasrand stecken.

GUT ZU WISSEN: Neo-Klassiker unter den südamerikanischen Limetten-Cocktails ist diese alkoholfreie Variante ganz ohne Tequila, Rum oder Cachaça.

Coconut Kiss

FÜR EIN GLAS: 1 große unbehandelte Orange • 3 cl Kokosmilch • 3 cl Sahne • 2 cl Ananassaft • 10 Eiswürfel • einige frische Ananasstückchen (notfalls gehen auch welche aus der Dose)

1 Die Orange heiß waschen und 1 Orangenscheibe aus der Mitte herausschneiden und für die Deko beiseite legen. Die zurückbleibenden Orangenhälften auspressen.

2 Kokosmilch, Sahne, Orangensaft und Ananassaft mit 6 Eiswürfeln kräftig shaken. Die restlichen Eiswürfel zu crushed ice zerschlagen (siehe oben) und in ein langes, schmales Glas geben.

3 Die Drinkmischung durch ein Sieb in das Glas abgießen. Die zurückgelegte Orangenscheibe und die Ananasstückchen einschneiden und an den Glasrand stecken.

süffig Süßes

für Früchte-Fans

Cranberry-Drinks

Save Sex on the Beach

FÜR EIN GLAS: 4 Eiswürfel • 3 cl Pfirsichnektar • 5 cl Cranberry-Fruchtsaftgetränk • 4 cl Ananassaft • 1 Cocktailkirsche

1 Ein langes, schmales Glas für den Cranberry-Drink kurz in der Tiefkühltruhe kühlen.

2 Die Eiswürfel in das vorgekühlte Glas geben und Pfirsichnektar, Cranberry-Fruchtsaftgetränk und Ananassaft zugießen. Mit der Cocktailkirsche garnieren.

Pussy Cat

FÜR EIN GLAS: 1 unbehandelte Grapefruit • 8 cl Maracujanektar • 7 cl Cranberry-Fruchtsaftgetränk • 8 Eiswürfel • 1 Cocktailkirsche

1 Die Grapefruit heiß waschen, 1 Grapefruitscheibe aus der Mitte herausschneiden und für die Deko beiseite legen. Die zurückbleibenden Grapefruithälften auspressen.

2 Maracujanektar, Cranberry-Fruchtsaftgetränk und Grapefruitsaft mit 6 Eiswürfeln shaken. Übrige Eiswürfel in ein langes, schmales Glas geben und die Drinkmischung durch ein Sieb darin abgießen.

3 Die Cocktailkirsche in den Drink geben. Die beiseite gelegte Grapefruitscheibe halbieren oder vierteln, einschneiden und als Deko an den Glasrand stecken.

Sportsman

FÜR EIN GLAS: 6 cl Bananensaft • 5 cl Cranberry-Fruchtsaftgetränk • 5 cl Multivitaminsaft • 8 Eiswürfel • Mineralwasser mit Kohlensäure zum Auffüllen

1 Die Säfte mit 6 Eiswürfeln kräftig shaken. Übrige Eiswürfel in ein langes, schmales Glas geben und die Drinkmischung durch ein Sieb darin abgießen.

2 Den Drink ganz nach Geschmack mit Mineralwasser auffüllen. Bunte Trinkhalme sorgen für Farbe.

GUT ZU WISSEN: Cranberries sind keine Preiselbeeren, sie ähneln eher den skandinavischen Moosbeeren. In den USA sind Drinks mit Cranberry-Juice der absolute Trend. Um das Fruchtsaftgetränk (der reine Cranberry-Saft schmeckt nicht) zu bekommen, muss man etwas suchen. Aber es gibt ihn mittlerweile auch hier in vielen gut sortierten Supermärkten.

Frischedrinks

Virgin Mary

FÜR EIN GLAS: 4 Eiswürfel • 180 ml Tomatensaft • 2 cl Zitronensaft • Salz • schwarzer Pfeffer aus der Mühle • etwas Worcestersauce • einige Spritzer Tabasco • 1 kleine Stange Sellerie (möglichst mit Grün)

1 Die Eiswürfel in ein Glas geben. Tomaten- und Zitronensaft verrühren und mit Salz, Pfeffer, Worcestersauce und Tabasco abschmecken. Über die Eiswürfel ins Glas laufen lassen und kurz umrühren.

2 Den Sellerie waschen, putzen und längs halbieren. Die beiden Stängel mit ins Glas geben.

GUT ZU WISSEN: Der Virgin Mary ist ein idealer Katerkiller, ohne Alkohol aber mit vielen Vitalstoffen, die den Kopf frei machen. Damit bewährt sich solch ein Drink auch hervorragend als Anti-Stress-Mittel.

Summer Cooler

FÜR EIN GLAS: 1 unbehandelte Orange • 1 unbehandelte Zitrone • 4 Eiswürfel • Zitronenlimonade zum Auffüllen

1 Die Orange und Zitrone heiß waschen. Ein paar lange, dünne Schalenstreifen abschneiden – ab besten geht's mit einem Zestenreißer – und für die Deko beiseite legen (muss aber nicht sein). Die Früchte auspressen.

2 Die Eiswürfel in ein Glas geben. Orangen- und Zitronensaft zugießen. Das Glas mit Zitronenlimonade auffüllen, kurz umrühren. Die beiseite gelegten Schalenstreifen über den Glasrand hängen lassen.

Spring Fever

FÜR EIN GLAS: 6 cl Blutorangensaft • 2 cl Ananassaft • 2 cl Kirschsaft • 2 cl Zitronensaft • 2 cl Maracuja-nektar • 2 cl Mangosirup • 12 Eiswürfel • 1 Cocktailkirsche • einige frische Mango- und/oder Ananasstückchen (notfalls gehen auch die aus der Dose)

1 Säfte, Nektar und Sirup mit 8 Eiswürfeln shaken. Übrige Eiswürfel in ein Küchentuch wickeln und mit einem Holzhammer grob zerstoßen. Oder die Eiswürfel in dem Küchentuch mehrmals kräftig auf den Tisch schlagen. Crushed ice in ein Glas geben und die Drinkmischung durch ein Sieb ins Glas abgießen.

2 Für die Deko die Cocktailkirsche mit den Mango- und/oder Ananasstückchen auf einen Cocktailspieß oder auch einen Holzspieß stecken und über den Glasrand legen.

gekühlte Köstlichkeiten

für klare Köpfe

Bar's Best

Bar jeder Cocktailkenntnisse? Macht nichts!

Ob schütteln oder rühren, on the rocks oder pur, mit oder ohne Soda – diese wesentlichen Mix-Fragen werden hier beantwortet. Eigentlich liegt das Geheimnis eines leckeren Drinks ohnehin nur in seinen guten Zutaten. Und die sind eher eine Frage des Portemonnaies. Aber keine Angst, auch mit wenigen Spirituosen lässt sich köstlich shaken. Man muss ja nicht gleich alles probieren, was auf den nächsten Seiten angeboten wird. Oder doch?

Ach, und noch was: Mixen macht am meisten Spaß, wenn man sich traut, selbst kreativ zu werden. Da können schon aus wenigen Zutaten fast unendlich viele Drinkspezialitäten werden.

Aperol Sour

FÜR EIN GLAS: 5 cl Aperol, je 2 cl Zitronen- und Orangensaft und 1 cl Zuckersirup mit 6 Eiswürfeln shaken und durch ein Sieb in ein Glas abgießen.

1 Cocktailkirsche mit 1 kleinen Stückchen unbehandelter Orangenschale auf einen bunten Plastikspieß stecken und über den Glasrand legen.

GUT ZU WISSEN: Der Aperol besteht aus einer bunten Mischung von Inhaltsstoffen. Rhabarber, Bitterorange, Enzian und Chinarinde sind nur einige von ihnen. Aus Aperol werden viele Drinks gemixt, die vor dem Essen getrunken werden – aber auch ohne ein Menü überall und jederzeit passen.

Campari Soda

FÜR EIN GLAS: 4 Eiswürfel in ein großes Becherglas geben. 4 cl Campari und 6 cl Mineralwasser mit Kohlensäure drüber gießen.

Wer 1 unbehandelte Zitrone daheim hat, kann sie heiß waschen, 1 Zitronenscheibe herausschneiden, diese halbieren und mit in den Campari geben. Das bringt das Mineralwasser zum Sprudeln und gefällt dem Auge. Ohne Zitrone geht's aber auch.

AUCH NICHT SCHLECHT: klassischer **Campari Orange.** Wie Campari Soda, allerdings anstelle von Mineralwasser mit der gleichen Menge Orangensaft. Und dazu passt statt der Zitronenscheibe 1 hauchdünn geschnittene unbehandelte Orangenscheibe.

Martini Cocktail

FÜR EIN GLAS: Seit James Bond wissen wir – es geht auch geschüttelt und nicht gerührt, deshalb 1 cl Vermouth mit 5 cl Gin und 4 Eiswürfeln shaken.

Durch ein Sieb in ein Cocktailglas abgießen. 1 grüne Olive darf nicht fehlen und mit Zitronenschale wird abgespritzt. Dazu etwas unbehandelte Zitronenschale so zusammendrücken, dass einige Spritzer in dem Martini Cocktail landen.

GUT ZU WISSEN: Wer den Cocktail schüttelt, outet sich zwar nicht als Drink-Dummy, doch dabei geht ein Teil des Aromas verloren. Soll dieser Cocktail-Klassiker sein Aroma voll behalten, lieber rühren.

Starters, die auch solo schmecken

passen

immer

und überall

Wodka-Drinks

Wodka Lemon

FÜR EIN GLAS: 3 Eiswürfel • 4 cl Wodka • Bitter Lemon zum Auffüllen • 1 unbehandelte Zitronenscheibe

1 Die Eiswürfel in ein langes, schmales Glas geben. Den Wodka dazuschütten und mit Bitter Lemon auffüllen. Mit der Menge an Bitter Lemon kann man individuell dosieren, wie hoch der Alkoholgehalt sein soll.

2 Die Zitronenscheibe einschneiden und an den Glasrand stecken.

AUCH NICHT SCHLECHT: Die fruchtigere Alternative **Wodka Orange.** Anstelle von Bitter Lemon nimmt man O-Saft und dekoriert dann das Glas auch mit 1 Orangenscheibe. Oder mal die süße Energy-Variante **Wodka Bull** ausprobieren. Hierfür statt Bitter Lemon Red Bull nehmen und mit Ananasstückchen und Cocktailkirsche dekorieren.

Wodka Martini

FÜR EIN GLAS: 5 cl Wodka • 1 cl Vermouth dry • 5 Eiswürfel • 1 grüne Olive • 1 kleines Stück unbehandelte Zitronenschale

1 Ein breites, niedriges Glas für den Wodka Martini kurz in der Tiefkühltruhe kühlen. Das hält den Drink später länger kalt und außerdem sieht das Glas schön angefrostet aus.

2 Wodka und Vermouth mit den Eiswürfeln verrühren. Durch ein Sieb in das vorgekühlte Glas abgießen.

3 Den Wodka Martini mit der grünen Olive servieren. Die Zitronenschale mit zwei Fingern so zusammendrücken, dass die Zitrusspritzer im Drink landen. Experten nennen das: mit Zitronenschale abspritzen.

Erdbeerlimes

FÜR EIN GLAS: 5 Erdbeeren • 5 cl Bitter Lemon • 5 cl Wodka • 2 cl Lime Juice • 2 cl Erdbeersirup • 6 Eiswürfel

1 Die Erdbeeren waschen, putzen und mit Bitter Lemon, Wodka, Lime Juice, Erdbeersirup und den Eiswürfeln im Elektromixer oder in der Haushaltsmaschine fein pürieren.

2 Die Drinkmischung durch ein Sieb in ein Glas abgießen. Fertig. Oder noch ein paar kurze farbige Trinkhalme ins Glas stecken und dann servieren.

AUCH NICHT SCHLECHT: Gleich statt frische Erdbeeren tiefgekühlte nehmen, dann braucht man das Eis nicht. Die Beeren nur antauen lassen und mit Bitter Lemon, Wodka, Lime Juice und Sirup pürieren. Abgießen entfällt auch.

Wodka-Drinks

Long Island Ice Tea

FÜR EIN GLAS: 4 Eiswürfel • 2 cl Wodka • 2 cl Gin • 2 cl weißer Rum • 2 cl Curaçao Triple Sec • 2 cl Zitronensaft • 2 cl Orangensaft • eiskalte Cola zum Auffüllen • Scheibe von 1 Karambole oder unbehandelten Zitrone

1 Die Eiswürfel in ein langes, schmales Glas geben. Wodka, Gin, Rum, Curaçao Triple Sec sowie Zitronen- und Orangensaft auf die Eiswürfel gießen und die Mischung nach Geschmack mit mehr oder weniger Cola auffüllen.

2 Die Karambolen- oder Zitronenscheibe einschneiden und als Deko an den Glasrand stecken.

Bloody Mary

FÜR EIN GLAS: 4 cl Wodka • 1 cl Zitronensaft • Pfeffer aus der Mühle • Salz • 1 Spritzer Tabasco • 3 Spritzer Worcestersauce • 100 ml Tomatensaft • 8 Eiswürfel • 1 Stange Sellerie

1 Wodka, Zitronensaft, ein wenig Pfeffer und Salz, Tabasco, Worcestersauce und Tomatensaft mit den Eiswürfeln gut verrühren. Die kalte Tomatensaftmischung durch ein Sieb in ein langes, schmales Glas abgießen.

2 Den Sellerie waschen und putzen und eventuell etwas kleiner schneiden. Sellerie ins Glas stecken und die Bloody Mary servieren. Mit einem Trinkhalm, wenn möglich.

AUCH NICHT SCHLECHT: die Variante ohne Blut – **Bull Shot.** Wird wie Bloody Mary gerührt, doch statt des Tomatensaftes nimmt man die gleiche Menge einer guten, entfetteten Fleischbrühe (muss man nicht selbst machen, es gibt ganz ordentliche aus dem Glas).

Wodka Sour

FÜR EIN GLAS: 4 cl Wodka • 2 cl Zitronensaft • 2 cl Zuckersirup • 6 Eiswürfel • Mineralwasser mit Kohlensäure zum Auffüllen (muss aber nicht sein) • 1/2 unbehandelte Orangenscheibe • 1 Cocktailkirsche

1 Wodka, Zitronensaft und Zuckersirup mit den Eiswürfeln kräftig shaken. Die Wodka-Mischung durch ein Sieb in ein Glas abgießen. Wer mag, kann mit etwas Mineralwasser auffüllen.

2 Orangenscheibe und Cocktailkirsche einschneiden und an den Glasrand stecken. Deko muss aber nicht sein.

alles so schön

bunt

Kokoslikör-Drinks

Batida Orange

FÜR EIN GLAS: 4 Eiswürfel • 6 cl Kokoslikör • Orangensaft zum Auffüllen

1 Ein Cocktailglas oder ein langes, schmales Glas für den Batida Orange kurz in der Tiefkühltruhe kühlen.

2 Die Eiswürfel in das vorgekühlte Glas geben. Den Kokoslikör zugießen und mit Orangensaft auffüllen.

AUCH NICHT SCHLECHT: und noch ein bisschen fruchtiger – **Brasil Tropical.** Hierfür den Kokoslikör mit 2 cl Erdbeersirup zum Eis ins Glas geben und mit Grapefruitsaft anstelle von Orangensaft auffüllen. Gut umrühren.

Batida Lemon

FÜR EIN GLAS: 4 cl Kokoslikör • 4 cl Orangensaft • 2 cl Kirschlikör • 10 Eiswürfel • Bitter Lemon zum Auffüllen • 1 unbehandelte Zitronenscheibe

1 Den Kokoslikör mit Orangensaft, Kirschlikör und 6 Eiswürfeln shaken. Die restlichen Eiswürfel in ein langes, schmales Glas geben. Die Drinkmischung durch ein Sieb in das Glas abgießen und mit Bitter Lemon auffüllen.

2 Die Zitronenscheibe einschneiden und an den Glasrand gesteckt – fertig!

AUCH NICHT SCHLECHT: die Variante für Sweeties – **Batida Sunrise.** Wie Batida Lemon mixen, allerdings Orangensaft und Bitter Lemon durch Ananassaft austauschen.

Pink Flamingo

FÜR EIN GLAS: 4 cl Kokoslikör • 1 cl Kirschlikör • 4 cl Orangensaft • 4 cl Ananassaft • 3 cl Gin • 10 Eiswürfel • einige kleine Ananasstückchen (möglichst frische, die aus der Dose gehen aber auch) • 1 Cocktailkirsche

1 Kokoslikör, Kirschlikör, die Säfte und den Gin mit 6 Eiswürfeln shaken. Übrige Eiswürfel entweder im Elektromixer oder in der Haushaltsmaschine zu crushed ice verwandeln oder aber in ein Küchentuch geben und mit einem Holzhammer zerstoßen. Das crushed ice in ein schmales, hohes Glas geben. Die Drinkmischung durch ein Sieb in das vorbereitete Glas abgießen.

2 Für die Dekoration die Ananasstückchen einschneiden und auf den Glasrand setzen. Die Cocktailkirsche auf einen Cocktailspieß (ein kleines Holzspießchen tut es auch) stecken und über den Glasrand legen.

Süße Sachen

B 52

FÜR EIN GLAS: 2 cl Kaffeelikör • 2 cl Irish Cream Liqueur • 2 cl Orangenlikör

1 Hier braucht man eine ruhige Hand, denn die einzelnen Likörschichten sollten sich nicht vermischen. Also einmal tief durchatmen und los geht's. Die Liköre nacheinander vorsichtig in ein kleines Glas gießen. Zuerst kommt der Kaffeelikör dran.

2 Dann den zweiten und dritten Likör über die Wölbung eines Teelöffels in das Glas fließen lassen. Dabei den Löffel immer knapp über die Oberfläche des im Glas befindlichen Likörs halten. Vorher ausprobieren, damit man auf der Cocktailparty Eindruck machen kann!

Colada Brazil

FÜR EIN GLAS: 10 Eiswürfel • 2 cl Sahne • 2 cl Kokosmilch • 6 cl Ananassaft • 3 cl weißer Rum • 3 cl Cachaça

1 Die Eiswürfel mit einem Elektromixer oder in der Haushaltsmaschine zu crushed ice pürieren.

2 Sahne mit Kokosmilch, Ananassaft, Rum und Cachaça mit der Hälfte des crushed ice kräftig shaken. Restliches crushed ice in ein langes, schmales Glas geben und die Drinkmischung durch ein Sieb ins Glas abgießen.

Bossa Nova

FÜR EIN GLAS: 8 cl Ananassaft • 2 cl Galliano • 1 cl weißer Rum • 1 cl Aprikosenlikör • 1 cl Zitronensaft • 10 Eiswürfel • 2–3 Himbeeren • einige Ananasstückchen (möglichst frische, die aus der Dose gehen aber auch)

1 Ananassaft, Galliano, weißen Rum, Aprikosenlikör und Zitronensaft mit 6 Eiswürfeln kräftig shaken. Übrige Eiswürfel in ein Glas geben. Die Drinkmischung durch ein Sieb in das vorbereitete Glas abgießen.

2 Die Himbeeren abbrausen und mit den Ananasstückchen auf einen Cocktailspieß (Glas, Holz, Plastik – alles geht) stecken und über den Glasrand legen.

von wegen

harmlos

Classic Rum-Drinks

Daiquiri

FÜR EIN GLAS: 5 cl weißer Rum • 3 cl Limettensaft • 2 cl Zuckersirup • 5 Eiswürfel • 1 Limettenscheibe (für den, der's klassisch mag) oder 1 kleines Stück Feige (für den, der mal was Neues ausprobieren möchte)

1 Weißen Rum, Limettensaft und Zuckersirup mit den Eiswürfeln kräftig shaken und durch ein Sieb in ein breites, kleines Glas abgießen.

2 Die Limettenscheibe einschneiden und an den Glasrand stecken. Oder das Feigenstück auf einen Spieß stecken und über den Glasrand legen. (Und wer keine Limette oder Feige im Obstkorb findet und sich deswegen auch kein Stück davon abschneiden kann, der darf eine andere Frucht ans Glas stecken. Hauptsache, es sieht gut aus.)

AUCH NICHT SCHLECHT: für heiße Abende – **Frozen Daiquiri.** Gleiche Zutaten wie beim Daiquiri, doch die Eiswürfel plus 4 zusätzliche werden vor dem Shaken im Elektromixer oder in der Haushaltsmaschine in crushed ice verwandelt. Mit der Hälfte des crushed ice wird der Drink geschüttelt. Das übrige crushed ice kommt ins Glas, das beim Frozen Daiquiri übrigens ein langes, schmales sein sollte.

Cuba Libre

FÜR EIN GLAS: 4 Eiswürfel • 6 cl weißer Rum • 1/2 unbehandelte Limette • eiskalte Cola zum Auffüllen

1 Ein langes, schmales Glas für den Cuba Libre kurz in der Tiefkühltruhe kühlen.

2 Die Eiswürfel in das vorgekühlte Glas geben, den Rum zugießen. Die Limette gründlich heiß waschen und über dem Rum auspressen. Dann Limette in kleine Stückchen teilen und zum Drink mit ins Glas geben.

3 Mit Cola (die muss wirklich eiskalt sein!) auffüllen. Je nachdem wieviel Cola ins Glas kommt, fällt der Drink schwächer oder stärker aus.

das Beste

für lange Nächte

Sweet Rum-Drinks

Mai Tai

FÜR EIN GLAS: 10 Eiswürfel • 2 unbehandelte Limetten • 6 cl brauner Rum • 2 cl Orangenlikör • 1 cl Zuckersirup • 1 cl Mandellikör • einige Minzeblättchen • einige Ananasstückchen (möglichst frische, die aus der Dose gehen aber auch)

1 Die Eiswürfel in ein sauberes Küchentuch wickeln und mit Hilfe eines Holzhammers zu crushed ice zerkleinern. Von 1 Limette den Saft auspressen. Limettensaft, Rum, Orangenlikör, Zuckersirup und Mandellikör mit der Hälfte des crushed ice kräftig shaken.

2 Übrige Limette heiß waschen, vierteln und in ein breites Becherglas geben. Die Limettenviertel mit einem Holzstößel im Glas ausdrücken (oder mit einer Gabel), das restliche crushed ice zugeben.

3 Die Drinkmischung durch ein Sieb ins Becherglas abgießen. Die Minzeblättchen zugeben. Ananasstückchen einschneiden und an den Glasrand stecken.

Planter's Punch

FÜR EIN GLAS: 4 cl brauner Rum • 4 cl Ananassaft • 3 cl Orangensaft • 1 cl Zitronensaft • 1 cl Grenadine • 12 Eiswürfel • einige frische Ananasstückchen (die aus der Dose gehen aber auch) • 1–2 Kiwischeiben

1 Den Rum mit den Säften, der Grenadine und mit 8 Eiswürfeln shaken. Übrige Eiswürfel in ein langes, schmales Glas geben und die Drinkmischung durch ein Sieb in das Glas abgießen.

2 Zur Dekoration die Ananasstückchen und die Kiwischeiben einschneiden und an den Glasrand stecken.

Zombie

FÜR EIN GLAS: 3 cl brauner Rum • 3 cl weißer Rum • 1 cl Rum (73 % vol.) • 2 cl Orangenlikör • 3 cl Ananassaft • 3 cl Orangensaft • 1 cl Zitronensaft • 1 cl Grenadine • 1 cl Maracujasirup • 12 Eiswürfel • einige Ananasstückchen (möglichst frische, die aus der Dose gehen aber auch) • 1 Cocktailkirsche

1 Alle Rumsorten mit Orangenlikör, den Säften, Grenadine, Maracujasirup und 8 Eiswürfeln shaken. Übrige Eiswürfel zu crushed ice zerkleinern (siehe oben), in ein langes, schmales Glas geben und die Drinkmischung durch ein Sieb in das Glas abgießen.

2 Die Ananasstückchen und die Cocktailkirsche einschneiden und an den Glasrand stecken.

WARNUNG: Der Alkohol des Zombies hat es in sich. Die Fruchtsäfte verdecken schmackhaft sein wahres Gesicht!

Sweet Rum-Drinks

Piña Colada

FÜR EIN GLAS: 10 Eiswürfel • 6 cl weißer Rum • 100 ml Ananassaft • 4 cl Kokosmilch • 2 cl Sahne • einige Ananasstückchen (möglichst frische, die aus der Dose gehen aber notfalls auch)

1 Die Eiswürfel im Elektromixer oder in der Haushaltsmaschine zu crushed ice pürieren. Rum, Ananassaft, Kokosmilch und Sahne mit der Hälfte des crushed ice shaken. Übriges crushed ice in ein Glas geben, die Drinkmischung durch ein Sieb in das vorbereitete Glas abgießen.

2 Die Ananasstückchen einschneiden und an den Glasrand stecken.

AUCH NICHT SCHLECHT: für Freunde der Erdbeere – **Strawberry Colada.** Wie Piña Colada, nur die Sahne durch 1 cl Zitronensaft austauschen. Außerdem 4 Erdbeeren mit der Gabel zerdrücken und mitshaken. Und statt der Ananasdeko bekommt das Glas eine Erdbeerdeko. Oder die Alternative in Blau – **Swimming Pool** – ausprobieren. Wie der klassische Piña Colada, nur statt des Rums 4 cl Wodka und 2 cl Curaçao blue verwenden.

Banana Daiquiri

FÜR EIN GLAS: 1 kleine Banane • 5 cl weißer Rum • 3 cl Limettensaft • 2 cl Zuckersirup • 6 Eiswürfel • die Hälfte von 1 Baby-Banane (längs halbiert, in ein bisschen Zitronensaft getaucht)

1 Die Banane schälen und grob schneiden. Mit Rum, Limettensaft, Zuckersirup und den Eiswürfeln im Elektromixer oder in der Haushaltsmaschine kurz pürieren. Durch ein Sieb in ein Glas abgießen.

2 Baby-Bananenhälfte einschneiden und an den Glasrand stecken. (Statt der Baby-Banane kann man für die Deko auch von der anderen Banane ein paar Scheiben abschneiden, bevor man sie grob zerkleinert und püriert.)

Strawberry Daiquiri

FÜR EIN GLAS: 6 mittelgroße Erdbeeren • 5 cl weißer Rum • 3 cl Limettensaft • 2 cl Zuckersirup • 6 Eiswürfel

1 Die Erdbeeren waschen, 4 Beeren entstielen und mit Rum, Limettensaft, Zuckersirup und den Eiswürfeln im Elektromixer oder in der Haushaltsmaschine kurz pürieren. Durch ein Sieb in ein Glas abgießen.

2 Die übrigen Erdbeeren sind für die Deko: nur auf einen Spieß stecken und in das Glas geben. Das Grün der Beeren nicht wegschneiden, das sieht hübsch aus.

gefährlich

gut

Absolut angesagt

Pisco Sour

FÜR EIN GLAS: 5 cl Pisco • 3 cl Zitronensaft • 2 cl Zuckersirup • 6 Eiswürfel • 2 grüne Weintrauben • 1 Kumquat

1 Pisco, Zitronensaft und Zuckersirup mit Eiswürfeln kräftig shaken, durch ein Sieb in ein breites Glas abgießen.

2 Die Weintrauben und die Kumquat waschen und auf einen kleinen, hübschen Cocktailspieß stecken. Den Spieß über den Glasrand legen.

GUT ZU WISSEN: Pisco wird aus Muskateller-Trauben destilliert – insbesondere in Chile. War bislang ziemlich unbekannt, kommt jedoch mit der Südamerika-Welle jetzt auch in die Szenebars.

Mojito

FÜR EIN GLAS: 1 unbehandelte Limette • 1/2 TL Puderzucker • Mineralwasser mit Kohlensäure zum Ausdrücken und Auffüllen • einige Minzeblättchen • 5 Eiswürfel • 6 cl weißer Rum

1 Die Limette heiß waschen und in nicht zu große Stücke schneiden. Mit Puderzucker und ein wenig Mineralwasser in ein breites Glas geben und mit einem Holzstößel ausdrücken. (Wer keinen Stößel hat, probiert es mit einer stabilen Gabel.) Die Minze zugeben und alles nochmals kräftig ausdrücken.

2 Die Eiswürfel im Elektromixer oder in der Haushaltsmaschine zu crushed ice pürieren, ins Glas füllen. Den Rum zugießen, mit Mineralwasser auffüllen, umrühren. Nach Belieben noch mit Minzeblättchen dekorieren. Der Mojito zählt zu den Top-Trend-Drinks der letzten Jahre.

Caipirinha

FÜR EIN GLAS: 2 unbehandelte Limetten • 6 cl Cachaça • 2 EL brauner Rohrzucker (normaler Haushaltszucker geht zur Not auch) • 5 Eiswürfel

1 Die Limetten heiß waschen, vierteln und in einem breiten Glas mit einem Holzstößel oder einer stabilen Gabel ausdrücken. Den Cachaça und den Rohrzucker zugeben.

2 Die Eiswürfel im Elektromixer oder in der Haushaltsmaschine zu crushed ice pürieren. Zum Drink geben und umrühren. Den Caipi mit zwei dicken limettengrünen oder meerblauen Trinkhalmen bestücken und schlürfen.

AUCH NICHT SCHLECHT: und etwas leichter – **Caipirovka.** Ist eigentlich wie Caipirinha, doch anstelle des Cachaças gibt man Wodka in den Drink. Das macht ihn weitaus bekömmlicher und beugt üblen Kopfschmerzen vor.

gehören in jede

Trend-Bar

After-Dinner-Cocktails

Side Car

FÜR EIN GLAS: 4 cl Cognac • 2 cl Orangenlikör • 2 cl Zitronensaft • 4 Eiswürfel

1 Ein kleines, breites Glas für den Side Car kurz zum Kühlen in die Tiefkühltruhe stellen.

2 Cognac, Orangenlikör und Zitronensaft mit den Eiswürfeln kräftig shaken und durch ein Sieb in das gut vorgekühlte Glas abgießen.

GUT ZU WISSEN: Side Car ist ein Klassiker und deshalb auch ganz simpel. Mit guten Zutaten kann da eigentlich nichts schief gehen. Deshalb beim Cognac nicht den billigsten nehmen. Mindestens 4 Jahre Reife – erkennbar an den Kürzeln V.O., V.S.O. oder V.S.O.P. für very old, very superior old oder very superior old pale – tun ihm gut.

Gimlet

FÜR EIN GLAS: 4 cl Gin • 2 cl Lime Juice • 4 Eiswürfel • 1 unbehandelte Limettenscheibe

1 Ein kleines, breites Glas für den Gimlet kurz in der Tiefkühltruhe kühlen.

2 Gin und Lime Juice mit den Eiswürfeln gut verrühren (keinesfalls schütteln!) und durch ein Sieb in das vorgekühlte Glas abgießen. Die Limettenscheibe in den Cocktail geben (ohne die geht's aber auch).

Gin fizz

FÜR EIN GLAS: 5 cl Gin • 3 cl Zitronensaft • 2 cl Zuckersirup • 10 Eiswürfel • Mineralwasser mit Kohlensäure zum Auffüllen

1 Den Gin mit dem Zitronensaft, dem Zuckersirup und 6 Eiswürfeln kräftig shaken. Die übrigen Eiswürfel in ein langes, schmales Glas geben.

2 Die Drinkmischung durch ein Sieb in das vorbereitete Glas abgießen. Mit Mineralwasser auffüllen – Menge nach Geschmack. Genau richtig für jeden, der sich nicht entscheiden kann, ob er es lieber süß oder sauer mag.

AUCH NICHT SCHLECHT: die süß-fruchtige Variante – **Orange fizz.** Genauso einfach wie der Gin fizz, nur dass man statt Zitronensaft die gleiche Menge Orangensaft nimmt.

Champagner-Drinks

I.B.U.

FÜR EIN GLAS: 2 cl Cognac • 2 cl Aprikosenlikör • 2 cl Orangensaft • 4 Eiswürfel • gut gekühlter Champagner zum Auffüllen

1 Cognac, Aprikosenlikör und Orangensaft mit den Eiswürfeln kräftig shaken. Die Mischung durch ein Sieb in ein nicht zu kleines Sektglas geben.

2 Je nach Geschmack und Höhe des Sektglases mit mehr oder weniger Champagner auffüllen.

Kir Royal

FÜR EIN GLAS: 1 cl Johannisbeerlikör • gut gekühlter Champagner (unter uns: es darf auch ein guter Sekt sein) zum Auffüllen

1 Dieses Edel-In-Getränk der 70er Jahre hat durchaus Renaissance-Wert. Einfach mal ausprobieren. Dafür gleich zuerst ein Sektglas kurz in der Tiefkühltruhe vorkühlen.

2 Den Johannisbeerlikör in das vorgekühlte Glas geben und mit dem Champagner (oder eben dem Sekt, dann ist es allerdings nicht ganz so royal) auffüllen.

AUCH NICHT SCHLECHT: die bürgerliche Variante – **Kir Cassis.** Wie Kir Royal zubereiten, doch statt des Champagner einen weißen Burgunderwein verwenden. Deshalb auch auf ein Weinglas ausweichen und die schlanken Sektgläser im Schrank lassen. Auch braucht hier das Glas nicht vorgekühlt zu werden.

Golden Velvet

FÜR EIN GLAS: 3 cl herrlich kaltes helles Bier • 3 cl gut gekühlter Champagner oder sehr guter Sekt • 5 Spritzer Ananassaft

1 Ein hohes, schlankes Glas für den Golden Velvet kurz in der Tiefkühltruhe vorkühlen. Der Golden Velvet muss richtig schön kalt getrunken werden!

2 Das Bier und danach den Champagner oder den Sekt langsam in das vorgekühlte Glas gießen. Und zum Schluss noch die Spritzer Ananassaft dazugeben.

AUCH NICHT SCHLECHT: und zwar nicht nur für Irland-Fans – **Black Velvet.** Anstelle des hellen Bieres nimmt man Guinness, und wenn man die Auswahl hat, ein Stout. Das ist besonders stark mit viel Aroma.

nicht nur für

edle Anlässe

Whisk(e)y-Drinks

Whiskey Sour

FÜR EIN GLAS: 5 cl Bourbon Whiskey • 3 cl Zitronensaft • 2 cl Zuckersirup • 10 Eiswürfel • 1 Cocktailkirsche

1 Den Whiskey mit Zitronensaft und Zuckersirup und 6 Eiswürfeln kräftig shaken. Die übrigen Eiswürfel in ein Glas geben und den Drink durch ein Sieb ins Glas abgießen. (Wer's weniger kalt mag, serviert den Drink ohne Eis – ganz klassisch.)

2 Die Cocktailkirsche auf einen Spieß stecken und über den Glasrand legen.

GUT ZU WISSEN: Die Sours („Sauers") sind erfrischende Drinks, entstanden meist in warmen und schwülen Gegenden. Der Klassiker unter den Sours wird daher auch nicht mit dem schottischen Whisky oder dem irischen Whiskey, sondern mit dem amerikanischen Whiskey, dem Bourbon, gemixt. Doch man soll sich bei Whisk(e)y-Drinks nicht um ein „e" mehr oder weniger streiten. Hauptsache man hat einen guten daheim! Nur noch so viel zur Info: Ein Bourbon ist ein Whiskey, der überwiegend aus Mais gebrannt wird.

Manhattan

FÜR EIN GLAS: 4 cl Whisk(e)y • 2 cl Vermouth Rosso • 2 Spritzer Angostura • 4 Eiswürfel • 1 Cocktailkirsche

1 Ein breites, kleines Glas für den Manhattan kurz in die Tiefkühltruhe stellen.

2 Whisk(e)y, Vermouth Rosso und Angostura mit den Eiswürfeln kurz verrühren (nicht schütteln!) und durch ein Sieb in das vorgekühlte Glas abgießen. Mit der Cocktailkirsche servieren. (Wer den Klassiker eiskalt abwandeln möchte, gibt noch ein paar Eiswürfel mit ins Glas.)

AUCH NICHT SCHLECHT: die trockene Version – **Manhattan dry**. Fast ganz genau so wie den klassischen Manhattan zubereiten, aber anstelle von Vermouth Rosso nur Vermouth dry verwenden. Dazu passt dann auch keine Cocktailkirsche mehr. Besser 1 kleine unbehandelte Limettenscheibe zugeben.

Mint Julep

FÜR EIN GLAS: 1/2 TL Zucker • 10 Minzeblätter • ein wenig Mineralwasser mit Kohlensäure • 100 ml Bourbon Whiskey • 5 Eiswürfel • etwas Puderzucker

1 Den Zucker mit 7 Minzeblättern und Mineralwasser ins Glas geben und mit einem Holzstößel oder einer stabilen Gabel zerdrücken. Darauf den Whiskey geben.

2 Eiswürfel in einem Elektromixer oder in der Haushaltsmaschine zu crushed ice pürieren, das Glas damit füllen. Umrühren, restliche Minze zugeben und mit Puderzucker bestreuen. Mit Trinkhalmen servieren.

mix, drink and

relax

Tequila-Drinks

Tequila Sunrise

FÜR EIN GLAS: 4 Eiswürfel • 1 cl Grenadine • 5 cl weißer Tequila • 1 cl Zitronensaft • Orangensaft zum Auffüllen • 1 unbehandelte Orange • 1 unbehandelte Zitrone

1 Die Eiswürfel in ein langes, schmales Glas geben, Grenadine zugießen. Tequila und Zitronensaft vorsichtig dazugeben und dann das Glas mit Orangensaft langsam auffüllen. Aber nicht ganz voll machen, ein wenig Platz muss nämlich noch frei bleiben.

2 Die Orange und die Zitrone heiß waschen. Jeweils aus der Mitte 1 Scheibe herausschneiden, einschneiden und an den Glasrand stecken. Zurückbleibende Fruchthälften auspressen, Säfte mischen und in den Drink geben.

GUT ZU WISSEN: Wer eine ruhige Hand hat und sich etwas Zeit nimmt, lässt bei diesem Drink die rote Farbe des Grenadine langsam in die gelbe des Orangensaftes übergehen. Genau der richtige Drink zum Sonnenuntergang.

Margarita

FÜR EIN GLAS: 4 cl weißer Tequila • 2 cl Orangenlikör (ersatzweise Curaçao Triple Sec) • 2 cl Zitronensaft • 6 Eiswürfel • 1 unbehandelte Limette • etwas Salz

1 Den Tequila mit Orangenlikör, Zitronensaft und den Eiswürfeln kräftig shaken. Die Limette heiß waschen und in Scheiben schneiden. Den Rand eines Cocktailglases mit 1 Limettenscheibe anfeuchten und in Salz eintauchen. Die Drinkmischung durch ein Sieb vorsichtig ins Glas abgießen.

2 Die übrigen Limettenscheiben einschneiden und an den Glasrand stecken.

AUCH NICHT SCHLECHT: was Fruchtiges – **Strawberry Margarita**. Wie der Margarita aber plus 1 cl Erdbeersirup und 5 mittelgroßen Erdbeeren. Die Zutaten inklusive Eiswürfel, Erdbeersirup und 4 Erdbeeren nicht shaken, sondern im Elektromixer oder in der Haushaltsmaschine pürieren. Den angefeuchteten Glasrand in Zucker (nicht in Salz) eintauchen und den Drink durch ein Sieb ins Glas abgießen. Oder der **Frozen Margarita.** Die Zutaten sind wie beim klassischen Margarita, allerdings wird der Drink mit den Eiswürfeln nicht geschüttelt, sondern im Elektromixer oder in der Haushaltsmaschine püriert und in das Glas mit Salzrand gegeben.

Punsch & Bowlen

Echte Freunde der Drinks wollen ihre Specials auch mal warm genießen. Oder aber in großer Runde aus einem Topf. Da kommen Punsch & Bowle gerade recht.

Der Punsch ist quasi die Wintervariante so manches coolen Cocktails, aber auch ohne Minusgrade und Schneegestöber ein gern getrunkener Seelenwärmer.

Und Bowlen erleben nicht erst seit den Ballermann-Sangria-Gelagen ihr Comeback. Sie sind die süffige Garantie auf ein gelungenes Fest, schnell gemacht und (leider) auch viel zu schnell getrunken.

Feuerzangenbowle

FÜR ACHT GLÄSER: 1 unbehandelte Orange waschen und schälen. O-Schale mit 5 Gewürznelken in einen Teefilter aus Papier geben. In einen Feuerzangenkessel hängen und mit 1/2 l aromatischem Rotwein (z. B. Schwarzriesling, Lemberger oder Dornfelder) aufgießen und erhitzen, aber nicht kochen lassen.

Den Teefilter rausnehmen. Auf den Kessel die Feuerzange setzen, darauf 1 Zuckerhut legen und diesen mit 1/4 l Rum (egal ob braun oder weiß, aber mind. 54 % vol.) tränken, anzünden. (Jetzt unbedingt das Licht ausmachen!) Der Zucker tropft durch die Hitze in den Rotwein. Feuerzangenbowle heiß servieren.

TIPP: Niemand braucht gleich einen Feuerzangenkessel zu kaufen, ein Fondue-Topf tut es auch. Und statt der Zange ersatzweise ein Sieb nehmen.

Grog

FÜR VIER GLÄSER: 1/2 l Wasser aufkochen und damit 1 TL schwarze Teeblätter überbrühen. Etwa 4 Minuten ziehen lassen und durch ein Sieb abgießen. 300 ml braunen oder weißen Rum und 100 g Zucker zum Tee geben, unterrühren. Heiß servieren.

TIPP: Greifen Sie für den Grog zu Assamtee, der macht ihn schön kräftig. Parfümierte Schwarztees, wie der Earl Grey, sind hier völlig untauglich. Und teure Darjeelingtees feinster Herkunft wären für einen Grog zu schade, denn der Alkohol überdeckt die feinen Teearomen.

Glühwein

FÜR VIER GLÄSER: 3/4 l trockenen Rotwein mit 150 g Zucker, 1 Stange Zimt, 5 Gewürznelken und 2 Sternanis langsam erhitzen.

1 unbehandelte Zitrone heiß waschen. Die Zitrone zuerst sehr fein abreiben, dann auspressen. Die Zitronenschale und den -saft zum Rotwein geben. Den Rotweinmix etwa 20 Minuten bei geringer Hitze ziehen lassen.

1 kleine unbehandelte Orange heiß waschen und in dünne Scheiben schneiden, diese halbieren und auf die Gläser verteilen. Mit dem Glühwein aufgießen und sofort genießen.

Großmutters Klassiker

Heißes für
kalte
Tage

Punsch

Teepunsch

FÜR VIER GLÄSER: 2 TL schwarze Teeblätter • 2 unbehandelte Zitronen • 3 unbehandelte Orangen • 12 Zuckerwürfel

1 600 ml Wasser aufkochen und über die Teeblätter gießen. 4 Minuten ziehen lassen, dann abgießen.

2 Zitronen und Orangen heiß waschen. Jeden Zuckerwürfel an den Zitronen und den Orangen reiben und zum Tee geben. Die abgeriebenen Zitrusfrüchte auspressen und die Säfte in den Tee gießen. Den Teepunsch unbedingt sofort servieren.

AUCH NICHT SCHLECHT: die Variante mit dem gewissen Jamaica-Feeling – **Rum-Teepunsch.** Wie den alkoholfreien Teepunsch zubereiten, allerdings zum Schluss noch 100 ml Jamaica Rum in den heißen Tee geben.

Aufwärmer

FÜR VIER GLÄSER: 2 unbehandelte Orangen • 2 Zitronen • 100 ml Cognac • 1 TL schwarze Teeblätter • 1 TL Honig • 200 ml brauner oder weißer Rum

1 Von den Orangen eine heiß waschen und die Schale sehr fein spiralförmig abschneiden. Beide Orangen und die Zitronen auspressen. Zitrussäfte, Cognac und Orangenschale 3 Stunden durchziehen lassen.

2 1/2 l Wasser aufkochen und über die Teeblätter gießen. 4 Minuten ziehen lassen, dann abgießen. Tee, Honig und Rum zur Saft-Cognac-Mischung geben und erhitzen, aber nicht kochen lassen, sonst verfliegt zu viel Aroma. Zum Schluss die Orangenschale entfernen und den Punsch servieren.

Rotweinpunsch

FÜR VIER GLÄSER: 300 ml trockener Rotwein • 4 EL weißer Kandis • 2 unbehandelte Orangen • 100 ml klarer Curaçao • 1 Stange Zimt

1 Den Rotwein und 300 ml Wasser mit dem Kandis erhitzen, aber nicht kochen lassen. Von den Orangen eine heiß waschen und die Schale sehr fein spiralförmig abschneiden, Schalenspirale vierteln. Beide Orangen auspressen.

2 Orangensaft mit Curaçao, Zimtstange und O-Schale zum Wein geben und alles 20 Minuten bei geringer Hitze ziehen lassen. Den Rotweinpunsch servieren, dabei die Orangenschale an den Glasrand stecken.

macht warme

Gedanken

Bowlen

Sangria

FÜR ACHT GLÄSER: 150 ml Orangensaft • 1 große unbehandelte Orange • 100 ml Brandy • 5 cl Zuckersirup • 5 cl Zitronensaft • 1 1/2 l trockener Rotwein

1 Den Orangensaft in ein Sangria-Gefäß oder eine Glaskaraffe mit weiter Öffnung gießen. Die Orange heiß waschen und in dünne Scheiben schneiden. Mit dem Brandy zum Orangensaft geben.

2 Den Zuckersirup mit dem Zitronensaft und dem Wein zum Orangensaft geben und alles etwa 2 Stunden im Kühlschrank kalt stellen. Dann kann die Fete steigen.

Erdbeerbowle

FÜR ACHT GLÄSER: 250 g Erdbeeren • 100 ml Orangenlikör • 3/4 l trockener Weißwein • 2 EL Zucker • 350 ml trockener Sekt, direkt aus dem Kühlschrank

1 Die Erdbeeren verlesen, waschen und die Kelchblätter abschneiden. Die Erdbeeren je nach Größe halbieren oder vierteln und in ein Bowlen-Gefäß geben. Orangenlikör und Weißwein aufgießen, Zucker untermischen und alles 3 Stunden kalt stellen.

2 Die Mischung direkt vor dem Servieren mit dem Sekt aufgießen.

TIPP: Nicht jeder hat ein Bowlen-Gefäß geerbt, aber das köstliche Nass lässt sich auch in anderen Behältnissen mischen und servieren. Warum nicht einen großen Glaskrug nehmen oder eine einfache, durchsichtige Schüssel. Und wenn sie vorher anständig gewaschen wird, dürfte auch ein Hygiene-Fanatiker nichts dagegen haben, die Bowle kreativ aus einer großen Glasvase zu kredenzen.

Bowlen

Sektmelone

FÜR ZWEI: 1 Galia-Melone oder eine andere kleine süße Melone • 3 EL Zucker • 2 Eiswürfel • 2 cl Curaçao Orange • gut gekühlter trockener Sekt zum Auffüllen

1 Die Melone halbieren und mit einem Esslöffel die Kerne großzügig herauskratzen. Aus dem Fruchtfleisch mit einem Kugelausstecher (ersatzweise geht auch ein Teelöffel) kleine Kugeln ausstechen und diese in den Melonenhälften lassen. Melonenkugeln gleichmäßig mit dem Zucker bestreuen.

2 Je 1 Eiswürfel und 1 cl Curaçao Orange in die beiden Melonenhälften geben. Mit Sekt auffüllen. Sektmelonen mit Trinkhalmen und langen Löffeln servieren, denn man trinkt nicht nur den Sekt, sondern löffelt danach auch noch das Melonenfruchtfleisch heraus.

Kullerpfirsich

FÜR ZWEI GLÄSER: 2 Pfirsiche • 4 cl Pfirsichlikör • 4 cl Gin • 1 cl Zitronensaft • gut gekühlter trockener Sekt zum Auffüllen

1 Die Pfirsiche waschen, mehrfach mit einer Nadel einstechen und in ausreichend große Gläser legen. Den Pfirsichlikör, den Gin und den Zitronensaft dazugießen.

2 Die Gläser mit dem Sekt auffüllen. Sind die Gläser groß genug, beginnen die Pfirsiche, sich zu drehen.

Kiwi-Bowle

FÜR ACHT GLÄSER: 6 Kiwis • 1/4 l Birnensaft • 1/4 l Ananassaft • 1/4 l Orangensaft • 3/4 l Ginger Ale, direkt aus dem Kühlschrank • 1 unbehandelte Zitrone • 12 Eiswürfel

1 Die Kiwis schälen und in dünne Scheiben schneiden. Mit Birnen-, Ananas- und Orangensaft mischen. Etwa 2 Stunden im Kühlschrank ziehen lassen.

2 Dann das Ginger Ale dazugießen. Die Zitrone heiß waschen und in Scheiben schneiden. Die Zitronenscheiben mit den Eiswürfeln in die Bowle geben. Servieren.

voll frisch,

voll Fun

Das Beste zum Schluss

Ein guter Drink ist nur gut, wenn auch alles andere stimmt: das gesamte Drumherum. Gute Musik, nette Leute und auch 'nen Häppchen zum Essen.

Musik und Leute, sorry, da hört es hier mit den Tipps auf. Vielleicht nur so viel: Die Musik, die euch gefällt, wird auch genau die Leute anlocken, die euch gefallen (dafür gibt's aber keine Garantie!!). Doch auf die anderen Tipps auf dieser Seite ist absolut Verlass: leckere Kleinigkeiten, damit der Magen nicht nur von Caipirinhas und Mojitos leben muss. Die Vorschläge auf dieser Seite sind entweder schnell gemacht oder lassen sich gut vorbereiten. Auf jeden Fall schmecken Sie ulta-lecker.

Quickies

Was Kleines zum Knabbern hat bei Cocktails Tradition. Erdnüsse sind klassisch, Salzgebäck spießig (aber gerade drum nicht schlecht) und die eigenkreierten Knabberstangen schnell gebacken.

FÜR ETWA 30 STANGEN: 450 g TK-Blätterteigplatten auftauen lassen, den Backofen auf 200 °C vorheizen. Jede Teigplatte dünner ausrollen und mit einer Mischung aus 2 Eigelben und 1 EL Milch bestreichen.

100 g helle Sesamsamen, 2 TL Currypulver, Pfeffer aus der Mühle und 500 g geriebenen Emmentaler auf 3 Platten streuen. Die übrigen Teigplatten mit der bestrichenen Seite nach unten darauf legen, andrücken, alles nochmals ausrollen und in lange, 3 cm dünne Streifen schneiden. Die Streifen spiralförmig verdrehen, auf ein Backblech mit Backpapier legen und im Ofen (Mitte!) 15 Minuten backen.

Saures

Eingelegte Oliven kommen ja hin und wieder schon im Cocktail auf den Tisch. Hier sollte man übrigens peinlich genau darauf achten, dass man keine in Öl eingelegten erwischt. Denn jeder noch so kleine Tropfen Olivenöl verleiht dem Drink einen etwas schmierigen Eindruck. Und auch wenn die Oliven zum Cocktail genascht werden, sollten es die aus der Salzlake sein. Genauso gut schmecken eingelegte Perlzwiebeln, vor allem selbst gemachte!

200 g Perlzwiebeln kurz in kochendes Wasser geben, dann häuten und abtrocknen. 100 ml Sherryessig und 100 ml Weißwein mit 1 EL Zucker und 1 Zweig Estragon aufkochen. Die Zwiebeln zugeben, nochmals aufkochen, dann abkühlen und 6 Stunden durchziehen lassen. Mit kleinen Holzspießchen servieren.

Süßes

Natürlich braucht man auch zu Kaffee und Tee die richtige Beilage: süße Sachen von Sachertorte bis Schweinsohren. Zum Reinbeißen gut. Hier ein genial schnelles Rezept ohne Backen, sondern nur zum Genießen:

FÜR VIER: 4 Torteletts werden vom Bäcker gekauft. 2 kleine Birnen halbieren, von Schale und Kerngehäuse befreien, in etwas Wasser mit 1 EL Zucker und 1 Prise Nelkenpulver etwa 20 Minuten weich dünsten. Inzwischen aus 4 EL Beerenkonfitüre (oder auch einer anderen Marmelade) und 4 EL Naturjogurt eine Creme rühren und in die Torteletts geben. Die Birnenhälften aus dem Sud nehmen, trockentupfen und auf die Beerencreme legen. Jetzt fehlt nur noch die Kuchengabel.

Katerkiller

Wer dem Kater am nächsten Morgen Beine machen will, fängt schon am Abend damit an. Am besten nicht all zu viel und nicht zu durcheinander trinken (was bei all den Cocktail-Rezepten leichter gesagt als getan ist). Faustregel: immer mehr Wasser als Alkohol und zwischendrin den Magen mit Herzhaftem oder Saurem füttern, aber bitte nicht mit zu viel Fett. Dann hat die Leber noch mehr zu tun. Die Mitternachtssuppe ist hier ideal. Wer dann noch vor dem Einschlafen Vitamin C und eine Magnesiumtablette schluckt, dessen Kopf sollte eigentlich von einem allzu dicken Kater bewahrt worden sein.

Noch was ganz Wichtiges: Wer Alkohol anbietet, sollte auch fürs Taxi oder eine Matratze sorgen. Alk und Auto sind eine ungute Kombination, die nicht nur den Lappen kosten kann.

Flüssiges

Suppe zum Drink? Vielleicht nicht dazu, aber davor oder danach. Eine Mitternachtssuppe macht wach, gibt jeder Party neuen Schwung und ist ein guter Grund mehr, den neuen Tag nicht allein zu beginnen:

FÜR ACHT: 300 g Kichererbsen über Nacht in Wasser einweichen. Abgießen, in 2 l Gemüsebrühe 1 Stunde kochen. 2 Zwiebeln schälen, hacken und mit der Hälfte der Kichererbsen pürieren. Püree mit 500 g Tomatenpüree zurück zur Suppe geben, warm halten. 400 g Gemüse (was der Kühlschrank zu bieten hat) waschen, putzen und klein schneiden. 2 Knoblauchzehen schälen, hacken, in 3 EL Rapsöl dünsten. Das Gemüse zugeben, mit 1/2 l Gemüsebrühe ablöschen. 20 Minuten kochen lassen und zur Suppe geben. Mit Curry, Salz und Pfeffer würzen. Dazu Baguette.

Register von a–z

Die Basic family wächst...

ISBN 3-7742-2005-0

ISBN 3-7742-1642-8

ISBN 3-7742-1142-6

SBN 3-7742-2202-9

ISBN 3-7742-2198-7

ISBN 3-7742-2200-2

ISBN 3-7742-2716-0

ISBN 3-7742-2715-2

ISBN 3-7742-2713-6

Impressum

Der Autor: **Friedrich Bohlmann** (fbohlmann@t-online.de) steht besonders auf klassische Margaritas und Alkoholarmes mit viel Power. Letztes nachzulesen in seinem Buch „Energy Drinks". Er mag flippige Trendlokale wie die Berliner Wasserwelt, genießt aber auch die Tradition eines Schumann's in München. Als Experte für Essen und Trinken ist er gern gesehener Studiogast zum Beispiel bei Leben & Wohnen (tm3), erfolgreicher Journalist für Internet, Fach- und Frauenzeitschriften sowie Autor zahlreicher Bücher rund ums Genießen.

Der Fotograf: **Alexander Walter**

Die Gestalter: **Sybille Engels und Thomas Jankovic**

Der Barkeeper: **Daniel Griehl**

Bildnachweis

Alexander Walter: Food-, People- und Produktfotos
StockFood:
S. & P. Eising, Titeldrink;
Barbara Bonisolli, S. 6 (Kakao);
Douglas Johns, S. 6 (Saftglas);
Gerhard Bumann, S. 7 (Eiswürfel);
Wieder Frank, S. 7 (Zuckerwürfel);
Sian Irvine, S. 13 (Glas)

Konzept & Redaktion: Sabine Sälzer
Lektorat, Satz und DTP: Christina Kempe
Korrekturlesen: Susanne Elbert
Gestaltung und Layout: Sybille Engels und Thomas Jankovic
Fotos: Alexander Walter
Fotoassistenz: Florian Peljak
Requisite, Styling, Food/Drinks: Christina Kempe
Herstellung: Renate Hutt
Repro: W & Co. Media Services, München
Printed in Italy

ISBN: 3-7742-2716-0

Auflage	4.	3.	2.	
Jahr	2004	2003	2002	2001

Das Original mit Garantie

Ihre Meinung ist uns wichtig. Deshalb möchten wir Ihre Kritik, gerne aber auch Ihr Lob erfahren, um als führender Ratgeberverlag für Sie noch besser zu werden. Darum: Schreiben Sie uns! Wir freuen uns auf Ihre Post und wünschen Ihnen viel Spaß mit Ihrem GU-Ratgeber.

Unsere Garantie: Sollte ein GU-Ratgeber einmal einen Fehler enthalten, schicken Sie uns bitte das Buch mit einem kleinen Hinweis und der Quittung innerhalb von sechs Monaten nach dem Kauf zurück. Wir tauschen Ihnen den GU-Ratgeber gegen einen anderen zum gleichen oder ähnlichen Thema um.

Ihr Gräfe und Unzer Verlag
Redaktion Kochen
Postfach 86 03 25
81630 München
Fax: 089/41981-113
e-mail: leserservice@graefe-und-unzer.de